El libro del período

Todo lo que no te atreves preguntar (pero necesitas saber)

KAREN GRAVELLE Y
JENNIFER GRAVELLE

Ilustraciones por Debbie Palen

Walker & Company
New York

A nuestras madres, Aileen y Jane Gravelle

Publicado por primera vez en los Estados Unidos de América como *The Period Book* por Walker Publishing Company, Inc., en 1996, publicado en castellano por Ediciones Medici Plató, Barcelona, en 1999, traducción por Paulina Fariza, revisado y adaptado por Marina Widmer, reimpreso en los Estados Unidos de América por Walker Publishing Company, Inc., en 2003.

Publicado simultaneamente en Canada por Fitzhenry and Whiteside, Markham, Ontario L3R 4T8

Para recibir información sobre permiso a reproducir seleciones del este libro, diríjase a Permissions, Walker & Company, 435 Hudson Street, New York, New York 10014

Para pedidos de Library of Congress Cataloging-in-Publication Data
contacte con la editorial
ISBN 0-8027-7650-7

Diseño original: Chris Welch; diseño de la edición en castellano: Cèlia Vallès

Visite la página Web de Walker & Company en www.walkerbooks.com

Impreso en los Estados Unidos de América

2 4 6 8 10 9 7 5 3 1

Índice de materias

Agradecimientos

Muchas personas –tanto hombres como mujeres– nos han ayudado a escribir este libro. Nos gustaría dar las gracias a esos consejeros tan especiales por compartir sus opiniones, sentimientos, experiencias y conocimientos con nosotras: Erin Boccio, Denise Cammarata, Lisa Cammarata, Elizabeth Goveia, Aileen Gravelle, Jane Gravelle, doctor Radoslav Jovanovic, Sue Ellen Sherblom, Thomas Woodward y Chris Young.

Nota de Jennifer

Cuando mi tía, Karen Gravelle, me pidió que la ayudara en este libro, acepté enseguida. Creo que cuantos más libros se publiquen sobre la regla, mejor. Sólo hay otra forma de aprender del tema, y es a través de nuestras madres o en el colegio. Yo tuve suerte, porque mi madre y yo siempre lo hemos hablado. Pero sé que a muchas chicas les resulta bastante embarazoso hablar en público de la regla. Muchas chicas creen que las tomarán por tontas si no saben de qué va, y por eso tienen miedo de preguntar (especialmente, si la pregunta suena tan obvia, como «¿Qué pasa si no puedes sacarte un tampón?»).

Mi tía y yo hemos querido responder a las preguntas que las chicas de mi edad desearían formular, pero no se atreven. Mi capítulo favorito es el 8, ¿Qué hago si...? Aborda el tipo de dudas que te gustaría despejar, pero que probablemente no plantearías en una clase.

También esperamos que este libro ayude a padres e hijas a hablar de la menstruación y el sexo. Conozco a muchas chicas que tienen problemas a la hora de tratar estos temas con sus padres. Me gustaría decirles a esos padres que no deben considerarlos como 'la conversación'. Se trata de una charla que hay que mantener con una hija una y otra vez. No existe el momento ideal para la conversación, pero sí, en cambio, momentos para una charla.

Jennifer Gravelle
(15 años)

El libro del período

Introducción

Como se desprende del título, este libro trata de la menstruación, más conocida como la regla: qué es la regla, por qué se tiene, qué se siente, y qué hacer cuando te viene. Pero, en realidad, este libro habla de los cambios, ya que la razón principal por la que una chica tiene la regla es porque su cuerpo de niña se está transformando en cuerpo de mujer. La etapa en que tienen lugar esos cambios se denomina pubertad.

Es curioso, pero muchas de nosotras no acabamos de sentirnos cómodas con los cambios, incluso en el caso de que los esperemos con ilusión. El problema es que, normalmente, no podemos decidir *cuándo* deben suceder. Puede resultar difícil si las cosas cambian antes de que estemos preparadas (¡o si llevamos una eternidad esperando a que cambien!). Si ya

pasa eso cuando nos hallamos ante un cambio importante, como empezar a ir al colegio o al instituto, se cumple todavía más cuando lo que cambia es el propio cuerpo.

Si no estás completamente segura de lo que sientes respecto a esos cambios, no eres la única. Algunas chicas están muy impacientes por tener la regla, y a otras les encantaría esperar un poco más. Son muchas, también, las que un día piensan una cosa y al día siguiente todo lo contrario.

Aunque no se puede controlar cuándo se va a tener la primera regla, saber qué sucederá hace que todo sea más fácil. Este libro explica lo que ocurre no sólo con motivo de la regla, sino también con los demás cambios que se producen en el cuerpo. Algunos ya los habrás notado, así que vamos a empezar por hablar de ellos.

·1·

Cambios en la pubertad

Los que se notan

Si observamos una clase de alumnos de sexto curso, notaremos algo curioso. Cuando estaban en tercero, esos mismos chicos y chicas eran más o menos de la misma estatura. Pero a los once o doce años, las chicas normalmente son más altas que los chicos. ¿Qué ha pasado?

El estirón

La respuesta es que muchas de las chicas de sexto han empezado ya a dar el estirón, uno de los primeros signos de la pubertad. Cuando los chicos y las chicas son menores, la media de crecimiento suele ser de unos cinco

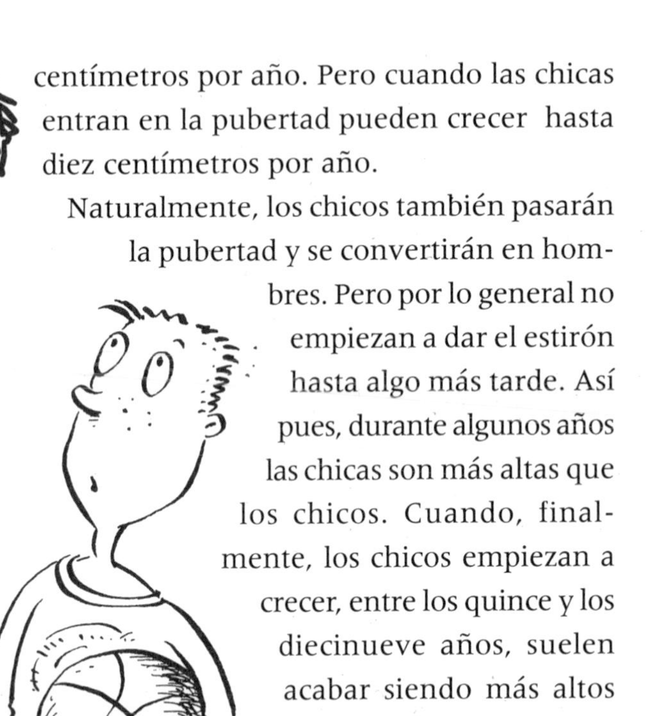

centímetros por año. Pero cuando las chicas entran en la pubertad pueden crecer hasta diez centímetros por año.

Naturalmente, los chicos también pasarán la pubertad y se convertirán en hombres. Pero por lo general no empiezan a dar el estirón hasta algo más tarde. Así pues, durante algunos años las chicas son más altas que los chicos. Cuando, finalmente, los chicos empiezan a crecer, entre los quince y los diecinueve años, suelen acabar siendo más altos que las chicas.

Crecer en altura no es el único cambio que se produce. Brazos, piernas y pies también crecen más deprisa. En realidad, los pies suelen adelantarse en el crecimiento, alcan-

zando su tamaño de adulto bastante antes de que se haya llegado a la estatura definitiva. Algunas chicas creen que los pies les están creciendo de forma descontrolada, y que acabarán por tener unos pies enormes o demasiado grandes para su altura. Afortunadamente, eso no es así. Aunque los pies crezcan con mayor rapidez, también dejan de crecer antes. Cuando aumente la estatura, los pies estarán proporcionados.

Cuando se produce el estirón puede parecer que vaya a durar toda la vida, pero por norma suele durar un año o incluso menos. Aun así, eso significa que habrá que adaptarse a un montón de cambios en un período de tiempo relativamente corto, y eso puede resultar muy desconcertante.

Aunque se sigue creciendo un poco después del estirón, el ritmo de crecimiento será ya mucho más lento. Muchas chicas dejan de crecer definitivamente dos o tres años después de la primera regla.

La figura (¡pechos!)

Además de crecer, la forma del cuerpo de una chica empieza a modificarse al entrar en la pubertad. Los muslos y las caderas se ensanchan y se redondean. Sin embargo, el cambio más evidente en el cuerpo femenino es el desarrollo del pecho.

Como sabes, cuando son pequeños, tanto niños como niñas tienen el pecho igual. Todos tienen el pecho plano, si exceptuamos los pequeños

círculos ligeramente abultados, uno a cada lado, que llamamos pezones. En un momento determinado, entre los ocho y los dieciséis años, los pechos de las chicas se hinchan y crecen. Es un signo de que los pechos están desarrollando las glándulas mamarias, que algún día les permitirán alimentar a un bebé. Estas glándulas se rodean de grasa como protección, lo cual da al pecho su forma adulta.

Eso no sucede de repente, desde luego. Al principio, sólo sobresale la aureola del pezón. El pezón se endurece, y puede que se vuelva un poco más sensible. A veces, un pecho empieza a crecer antes que el otro. ¡Algunas chicas no saben que el hecho de que un pecho crezca y el otro no es perfectamente normal, y pueden llevarse un buen susto! Tal vez piensen que algo va mal y que van a acabar con un solo pecho. Por eso, es importante tener presente que el otro crecerá al cabo de poco tiempo. Muy pronto se habrá puesto al mismo nivel del que empezó antes a desarrollarse.

¿Cuándo me ocurrirá a mí?

A muchas chicas les preocupa saber cuándo empezarán a crecerles los pechos. Aunque la mayoría de las chicas se hallan entre los nueve y los catorce años cuando eso sucede, algunas son más pequeñas y otras algo mayores cuando empiezan a notar los primeros signos. Las chicas que comienzan su desarrollo a los nueve o diez años a menudo no se sienten

preparadas y no les agrada. Por otra parte, las chicas que no se desarrollan hasta mucho más tarde suelen sentirse acomplejadas. En cualquier caso, a los dieciséis o diecisiete años, por lo general, todas las chicas habrán desarrollado el pecho.

La creencia de que las chicas que empiezan antes a desarrollarse acabarán por tener unos senos más grandes que las más tardías es errónea. No existe ninguna relación entre la edad en que se inicia el desarrollo del pecho y el tamaño que llega a alcanzar.

En las culturas occidentales se da mucha importancia al pecho, y es un tema que suele preocupar. Como es un signo evidente de que una chica está creciendo, muchas se sienten orgullosas cuando notan que se les comienza a desarrollar. Las chicas más tardías en ese aspecto sienten un poco de envidia de las que ya tienen pecho, y están deseando que les crezca pronto.

Por otra parte, la importancia que se concede al pecho hace que las chicas se fijen mucho en su desarrollo. Hay veces en que parece que el mundo entero gire en torno a ese tema. Muchas chicas experimentan dos sentimientos simultáneos: felicidad, porque empiezan a tener pecho, pero también incomodidad, porque resulta muy evidente.

Además de ser conscientes de que el pecho se les está desarrollando, las chicas se sienten a menudo preocupadas por si es del tamaño 'adecuado' o por si tiene buen aspecto. Aunque su pecho les guste, creerán que sus caderas o cualquier otra parte de su cuerpo es demasiado grande o no lo es lo bastante. Si, por cualquier razón, deciden que sus cuerpos no son perfectos, puede que se sientan infelices y poco atractivas.

Conviene recordar que, al igual que los diferentes colores de pelo, piel y ojos resultan bonitos, las diferentes figuras también son atractivas. La verdad es que no existe un tipo 'perfecto' de pecho o caderas o cintura, igual que no hay un color de ojos perfecto.

Vello en zonas nuevas

En algunas chicas, el primer signo de pubertad es la aparición de vello en nuevas zonas de su cuerpo. Una de ellas es la zona púbica, en la parte baja del torso, entre las piernas. En la infancia, esa zona no tiene pelo o es muy suave, y apenas se nota. En algún momento entre los ocho y los dieciséis años, sin embargo, empieza a crecer otro tipo de pelo en la zona del pubis.

Al igual que ocurría con el desarrollo del pecho, el crecimiento del vello púbico empieza muy lentamente, con uno o dos pelos al principio. Es fácil distinguirlos de los infantiles porque son más oscuros, largos y rizados. Con el tiempo, esos pelos se volverán más numerosos y cubrirán toda la zona púbica formando una especie de triángulo invertido.

Si se es rubia o pelirroja, puede que, sorprendentemente, se tenga el vello púbico mucho más oscuro. Pero aunque su color sea parecido al del cabello, la textura será muy diferente. Por ejemplo, las chicas que tienen el pelo liso, tienen normalmente el vello púbico rizado.

Además del vello púbico, también empieza a crecer pelo en las axilas. El vello de las piernas y a veces el de los brazos se oscurecen también. Aunque es menos frecuente, puede ser que aparezcan pelos más oscuros en la zona del bigote.

Cambios en la piel y en la transpiración

Algunos de los cambios que preferirías que no fueran tan visibles son los que se dan en la piel. Después de haber pasado toda una etapa sin preocuparse por su piel, muchas chicas se dedican a examinarse diariamente la cara en busca de granos. Tanto para chicas como para chicos, los granos son un síntoma no deseado de la pubertad. Aunque algunas chicas tienen la suerte de no padecer jamás ese problema, la mayoría suelen tenerlo, por lo menos de vez en cuando.

Durante la pubertad, las glándulas grasas de la piel, también llamadas glándulas sebáceas, se vuelven más activas, produciendo grandes cantidades de grasa. Cuando ésta obstruye un poro de la piel, se produce una espinilla. Cuando el poro obstruido se inflama, el resultado es que sale un grano. No se puede hacer nada para reducir la cantidad de grasa que produce la piel, pero se puede evitar que los poros se obstruyan. Lo más importante es mantener la cara y el pelo limpios. (Más consejos sobre el tratamiento del acné en el capítulo 7.)

Al igual que las glándulas sebáceas, las glándulas sudoríparas también se vuelven más activas durante la pubertad. Los jóvenes que han entrado en esa etapa no sólo transpiran más que cuando eran niños, sino que su transpiración comienza a adquirir un olor de adulto. La idea de oler a sudor puede ser una preocupación tanto para chicos como para chicas. Si se desea, se puede usar un desodorante o un antitranspirante para combatir el olor. El desodorante elimina el olor, mientras que el antitranspirante detiene también la transpiración. Pero en la mayoría de los casos, ducharse cada día y llevar la ropa limpia es suficiente para controlar el olor de la transpiración.

Genitales

Los órganos sexuales son las partes del cuerpo que posibilitan que las personas nos reproduzcamos, es decir, que tengamos hijos. Ésos son los órga-

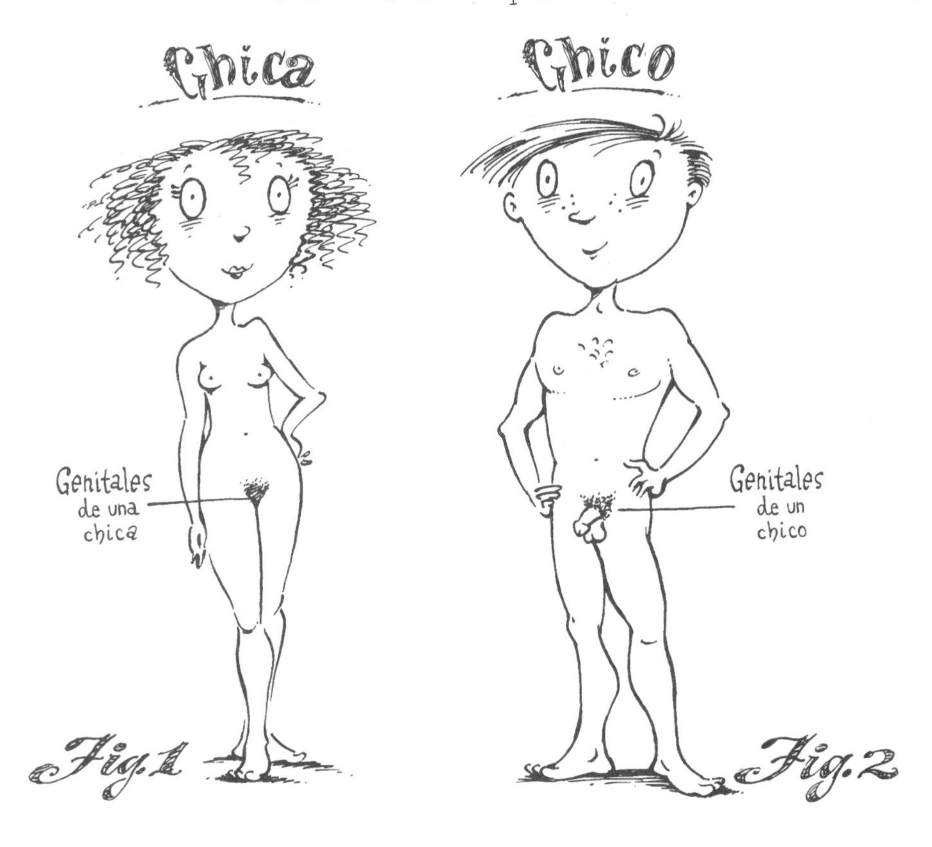

nos que hacen diferentes a chicos y chicas. En general, suele llamarse a los órganos sexuales que están en el interior del cuerpo órganos reproductores internos, mientras que los que están en el exterior suelen llamarse genitales. Este capítulo tratará de los órganos sexuales exteriores.

Al igual que otras partes del cuerpo cambian cuando empieza la pubertad, con los genitales ocurre exactamente lo mismo. No obstante, a pesar de que los cambios genitales son ciertamente visibles, se da el caso de que muchas chicas no han tenido nunca la oportunidad de verlos. Resulta curioso, pero es frecuente que chicas que han cuidado a sus hermanitos tengan una idea más clara de cómo son los genitales de un chico que los suyos propios.

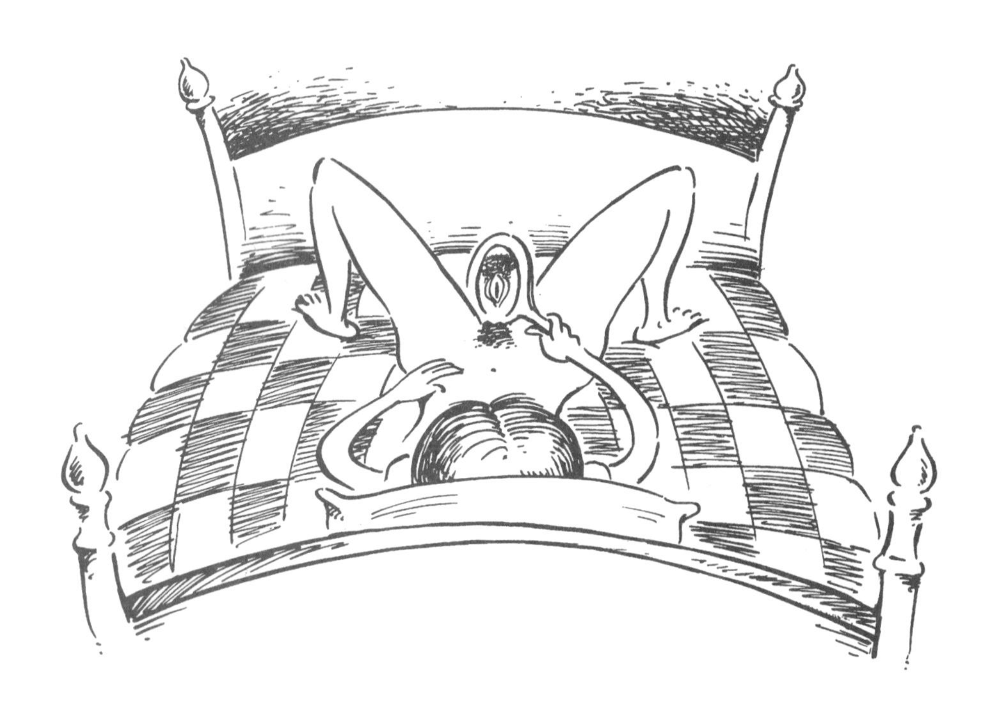

La mejor manera de saber cómo son nuestros genitales es verlos. Y la forma más sencilla de hacerlo es colocarse un espejo entre las piernas. Si la idea nos incomoda, probablemente se deba a que nos han enseñado que se trata de una zona privada y debe esconderse. Pero es una zona privada para los demás, ¡no para una misma! Después de todo, los genitales de los chicos también son algo privado, y sin embargo a nadie le parece raro que se los miren.

Si te tumbas boca arriba con un espejo entre las piernas, verás que en la parte superior está la zona donde crece el vello púbico. Seguramente ya estarás familiarizada con esa parte, porque se ve sin necesidad de espejo. Durante la pubertad, esa zona desarrolla una protección grasa bajo la piel, que le da un aspecto más abultado del que antes tenía.

Más abajo, notarás que tienes dos pliegues verticales o labios de piel, uno a cada lado de una pequeña hendidura. Se llaman labios externos o mayores. Si has entrado en la pubertad, notarás que el vello púbico ha empezado a crecer ahí también. Los labios externos de una niña son pequeños, suaves y muchas veces no se tocan entre sí. A medida que se entra en la pubertad, sin embargo, esos labios se rellenan y se van acercando. Así procuran protección a la parte más delicada, que está debajo. En la pubertad, los labios externos también se oscurecen y parece como si se arrugaran.

Si miras dentro de los labios mayores, descubrirás otros labios. Resulta fácil de adivinar, se llaman labios internos o menores. Las niñas suelen

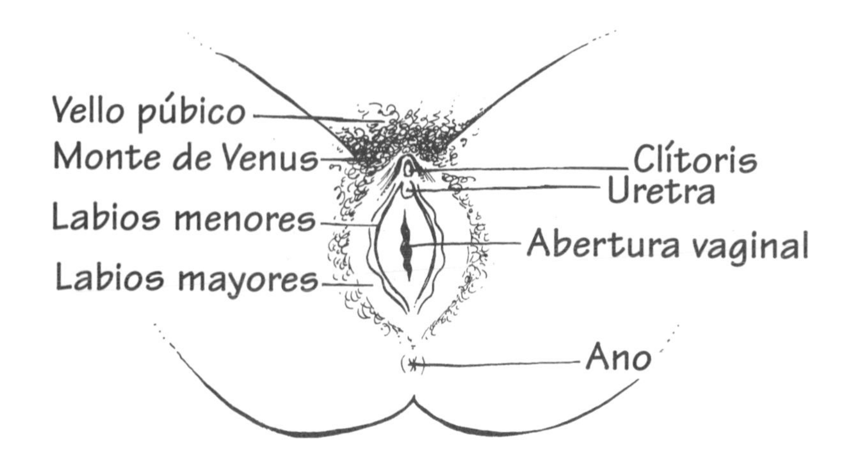

tenerlos pequeños y no muy visibles, pero en la pubertad crecen con rapidez. La forma de los labios internos varía según cada chica. Pero, tengan el aspecto que tengan, siempre serán más oscuros y arrugados que los que se tenían de niña. En algunas mujeres, los labios internos crecen más que los externos y sobresalen del interior de los labios externos.

Ahora separa los labios internos. Hay tres órganos muy importantes bajo su protección. En la parte baja verás una abertura que lleva al interior del cuerpo. Es la entrada de la vagina, de la que hablaremos con detalle en el próximo capítulo. Si eres aún bastante joven, la entrada a la vagina puede serte difícil de distinguir, ya que aún no es muy grande, pero el dibujo de esta página te ayudará a saber dónde buscar.

Justo encima de la entrada de la vagina hay otra abertura. Es la uretra, la abertura por la que se orina, o se hace pipí.

Arriba del todo, donde se juntan los labios internos, está el clítoris. A diferencia de la entrada de la vagina o de la uretra, el clítoris no es una abertura. Es como un bulto en forma de botón. El clítoris causa muchas de las sensaciones placenteras que experimentan las mujeres cuando tienen relaciones sexuales.

Finalmente, ya que estamos ante el espejo, vale la pena echar un vistazo a la abertura que está abajo de todo, donde se juntan las dos nalgas. Es el ano, el lugar por donde tus intestinos evacuan. No es un órgano sexual, por lo que no forma parte de los genitales. Pero vale la pena conocer su existencia.

La abertura vaginal conduce a los órganos sexuales internos, que también han sufrido cambios como preparación a la pubertad. Vamos a ver cuáles son esos cambios.

·2·

Cambios en la pubertad

Los que no se notan

Igual que durante la pubertad el cuerpo de una chica cambia, los órganos reproductores en su interior también cambian. Ya habrás visto dibujos de los órganos sexuales femeninos, pero si no es así, el dibujo de la página siguiente te dará una idea de cómo son. Es lo que verías si pudieras mirar en tu interior con ojos provistos de rayos X.

Los ovarios son dos órganos redondeados situados uno a cada lado de la pelvis. Los ovarios contienen los huevos, denominados óvulos. El bebé se

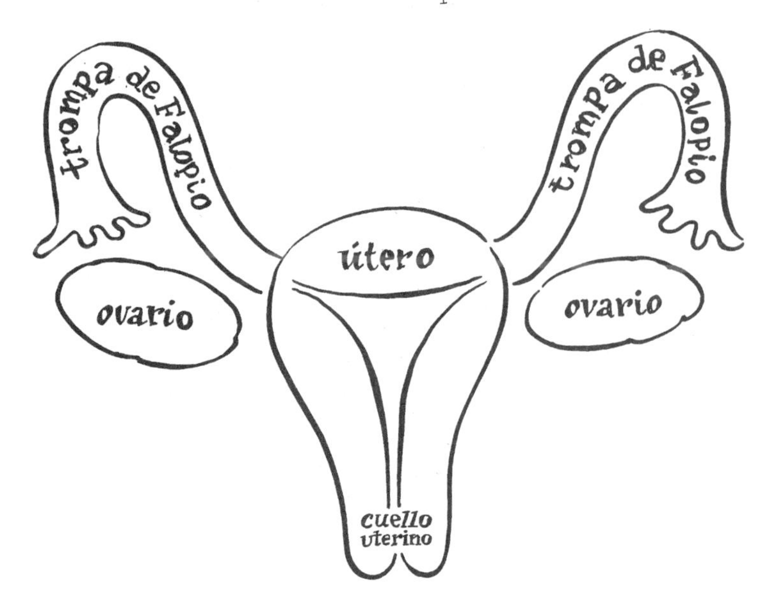

forma a partir de un óvulo, y de un espermatozoide que procede del órgano masculino. Esa unión se llama fecundación o fertilización.

Hay cientos de miles de óvulos en los ovarios, y están ahí desde el día de nuestro nacimiento. Sin embargo, hasta que no se alcanza la pubertad, dichos óvulos no empiezan a madurar; es a partir de ese momento que pueden convertirse en un bebé.

Es normal preguntarse para qué se necesitan cientos de miles de óvulos, si desde luego ¡no pensamos tener *tantos* hijos! Sólo ochocientos o novecientos de esos óvulos llegarán a madurar, y tan sólo unos pocos de ellos serán fertilizados por un espermatozoide. Por lo tanto, no importa cuántos niños se quiera tener, pero sí hay que contar con muchos más óvulos de los necesarios.

Trompas de Falopio

Las trompas de Falopio son fáciles de distinguir. En el dibujo aparecen como si fueran dos brazos largos con dedos al final, que llegan hasta los ovarios. La función de las trompas de Falopio es guiar los huevos hacia el útero (el próximo órgano del que vamos a hablar).

Los dedos al final de las trompas de Falopio son en realidad proyecciones en forma de dedos. Esas proyecciones son muy importantes a la hora de ayudar a un óvulo maduro a llegar del ovario a la trompa. Moviéndose de delante hacia atrás, atraen el óvulo hacia la entrada de la trompa.

Útero

El útero es el órgano mayor en forma de triángulo, situado entre las trompas de Falopio. El útero se llama también matriz, y es el lugar donde el óvulo fertilizado se desarrolla hasta convertirse en un bebé.

Cuello uterino

Al final del útero se encuentra el cuello uterino, una parte más carnosa con un pequeño orificio en el centro. Su función es proteger el interior del útero; también proporciona una abertura entre el útero y la vagina.

Vagina

La vagina es la entrada y la salida del órgano reproductor femenino. Introduciendo el pene dentro de la vagina, un hombre puede dejar esperma en el cuerpo de la mujer. El esperma sube por la vagina, a través del cuello uterino, hasta el útero, y de allí pasa a las trompas de Falopio. Si en ese

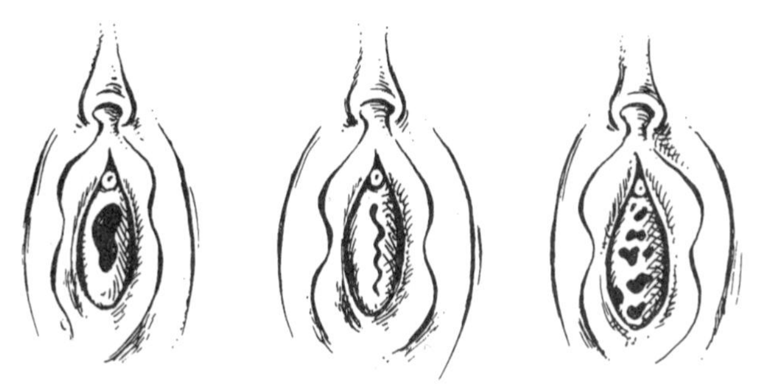

Diferentes hímenes

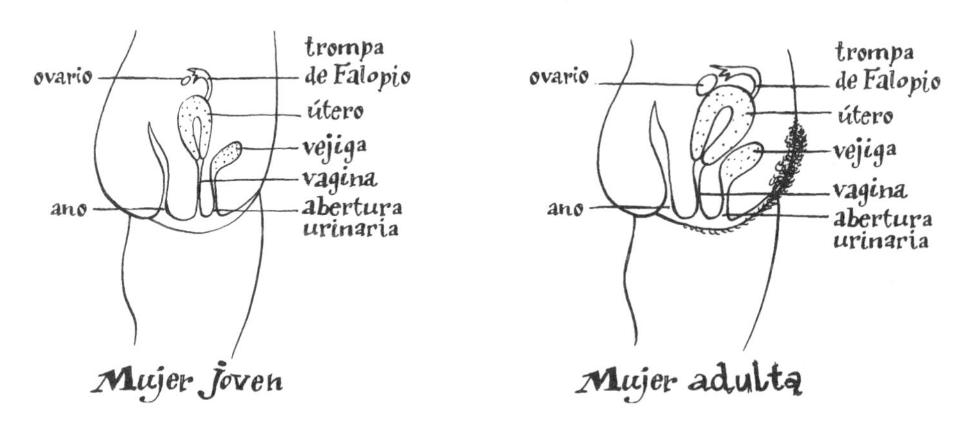

momento hay un óvulo maduro en la trompa de Falopio, puede ser fertilizado por alguno de los espermatozoides contenidos en el esperma.

La sangre menstrual sale del cuerpo de la mujer a través de la vagina. Cuando nace un bebé, recorre el camino del útero a la vagina para salir al mundo exterior. La vagina posee una lámina de piel protectora que se extiende, al menos parcialmente, a lo largo de la abertura vaginal. Esa piel, o membrana, se denomina himen, y tiene un agujero (o puede tener varios).

Aunque todos esos órganos reproductores ya están presentes cuando la niña nace, se desarrollan a medida que ella crece. En la ilustración se muestran las diferencias de tamaño de los ovarios, trompas de Falopio y útero en una niña de once o doce años y en una mujer adulta.

Como puedes ver por el dibujo de la página anterior, los óvulos tienen que ser diminutos si cientos o miles de ellos caben en los ovarios. De hecho, un óvulo es aproximadamente del tamaño de la cabeza de un alfiler.

Las trompas de Falopio se hacen más largas y anchas cuando una chica se acerca a la pubertad, pero aun así son menores de lo que puedas imaginar. En una mujer adulta, miden unos diez centímetros de largo pero su grosor es parecido al de un espagueti.

El tamaño del útero es todavía más sorprendente. Incluso en una mujer completamente madura, es del tamaño de un puño. Te extrañará que un bebé pueda caber en un lugar tan pequeño, pero la explicación es simple: el útero es muy elástico. A medida que el bebé crece, el útero se va ensanchando para hacerle sitio. Si has visto a mujeres embarazadas, ya te habrás hecho una idea de lo mucho que puede dar de sí.

La vagina también es muy elástica. Normalmente, los lados de la vagina se rozan. Pero cuando un hombre y una mujer tienen relaciones sexuales la vagina se ensancha fácilmente, y el pene de un hombre cabe en su interior. Por supuesto, se ensancha mucho más cuando ha de nacer un bebé. La vagina también crece cuando una chica entra en la pubertad, pasando de unos siete a unos doce centímetros de largo, cuando ya es adulta.

Además de crecer, los órganos reproductores cambian ligeramente de posición cuando una chica pasa de la infancia a la madurez. Esos cambios son más visibles si se mira el cuerpo de perfil, como en el dibujo de la página 23.

Como ves, el mayor cambio radica en la posición del útero. En una niña se halla en posición vertical, boca abajo. Cuando la chica se hace mujer el útero suele inclinarse hacia delante. Como las bases de las trompas de Falopio están unidas al útero, también se inclinan hacia delante.

Sin embargo, esto no les sucede a todas las mujeres. En algunas se mantiene en posición erguida, y en otras se inclina hacia atrás. Esas posiciones

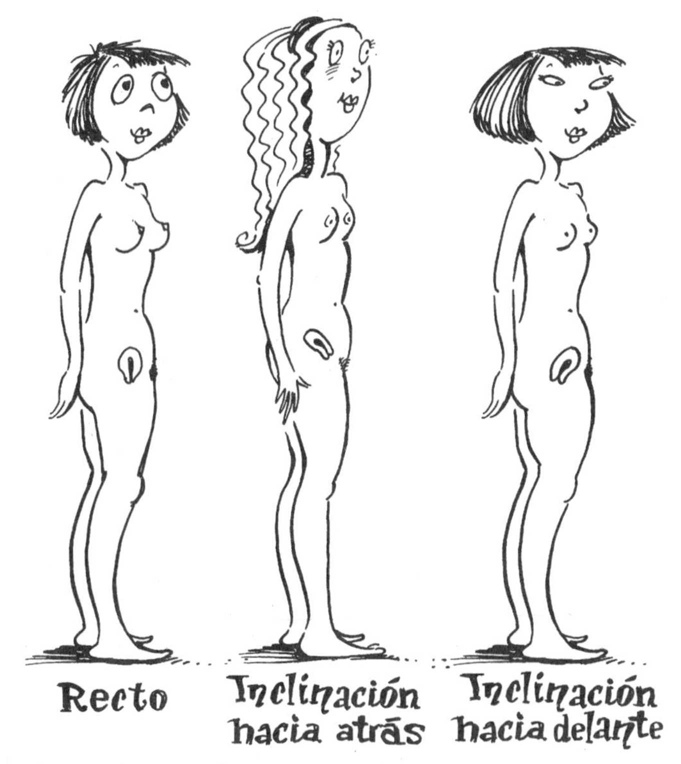

son perfectamente normales, aunque no son tan comunes como la inclinación hacia delante.

Naturalmente, no tenemos rayos X en los ojos, y no podemos ver esos cambios que se producen en nuestro cuerpo. Pero cuando los órganos reproductores se han desarrollado lo bastante como para poder engendrar un bebé, sí aparece un signo definitivo: la primera regla.

·3·

La menstruación

La menstruación, o la regla, es sólo el signo exterior de un ciclo invisible que se da en el cuerpo de toda mujer. Este ciclo está regulado por unos elementos químicos especiales llamados hormonas. Las hormonas son producidas por glándulas u órganos situados en determinadas partes del cuerpo, incluido el cerebro y los órganos reproductores. Son las responsables del desarrollo del pecho y los órganos sexuales, así como del inicio de los restantes cambios asociados a la pubertad. Las hormonas regulan asimismo la actuación de los órganos reproductores durante cada una de las fases del ciclo menstrual.

El ciclo

El ciclo menstrual se desencadena una vez al mes cuando un óvulo simple madura y abandona uno de los ovarios. Como hemos visto en el capítulo 2, el óvulo recorre la trompa de Falopio hasta llegar al útero.

Mientras tanto, el útero se ha estado preparando para recibir a ese óvulo, por si acaso resultara fertilizado por el camino. La membrana del útero desarrolla una gruesa y esponjosa almohadilla de tejido relleno de sangre, a fin de proporcionar al óvulo el alimento y el apoyo que necesita para transformarse en un bebé. En el momento en que un óvulo fecundado entra en

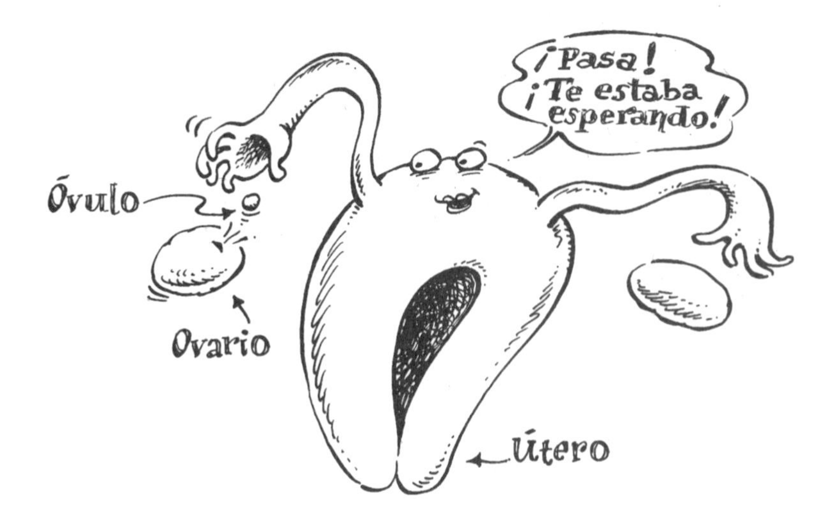

el útero, todo está listo para su asentamiento. El óvulo fertilizado se adhiere a la pared del útero y empieza a desarrollarse. El embarazo ha comenzado.

Muchas veces, sin embargo, el óvulo no ha sido fertilizado. Puede haber varias razones que lo expliquen: que la mujer no haya tenido actividad sexual; o, tal vez esa mujer usaba algún método anticonceptivo o no tuvo relaciones sexuales en el período adecuado, lo que en todos los casos impidió que el esperma se encontrara con el óvulo en la trompa de Falopio. A diferencia del óvulo fertilizado, un óvulo no fecundado no se adhiere a la pared del útero, sino que simplemente se desintegra y desaparece.

Sin óvulo fertilizado por nutrir, no hay necesidad de todo ese grueso revestimiento en el útero; por ello empieza a desprenderse lentamente, y saldrá por la vagina durante los siguientes dos a ocho días. El tiempo en que una mujer sangra se denomina período menstrual, menstruación, período o regla.

A partir de la primera regla, el ciclo menstrual tiene lugar cada mes hasta que la mujer llega a los cuarenta o los cincuenta años. A esa edad, sus ovarios producen cada vez menos óvulos maduros hasta que, finalmente, dejan de hacerlo. Es cuando una mujer deja de poder engendrar hijos.

¿Cuándo me vendrá la regla?

Es difícil de precisar. De la misma forma que en cada chica varía el momento del desarrollo del pecho y del vello púbico, también hay variacio-

nes para el momento de tener la primera menstruación. Una chica puede tener la primera regla a los ocho o nueve años o no tenerla hasta los dieciséis o incluso diecisiete, pero a la mayoría suele venirles entre los once y los catorce años. Independientemente de la edad, sin embargo, la regla baja *después* de que el pecho haya empezado a desarrollarse y de que haya crecido algo de vello púbico. Si todavía no has notado ninguna de las dos cosas, seguramente es que falta tiempo aún para que te venga la primera regla.

¿Cuántos días dura?

Tampoco es posible predecir cuántos días te durará el período o si vas a sangrar mucho o poco. Algunas chicas sangran sólo un poco, mientras que otras tienen gran cantidad de flujo. Asimismo, algunas chicas tienen reglas de dos o tres días, mientras que a otras les duran de siete a ocho días. Puede ocurrir también que se tenga una menstruación breve y escasa un mes, y una más larga y abundante al mes siguiente. Esto sucede especialmente cuando se trata de las primeras reglas, ya que el cuerpo no ha tenido tiempo aún de adaptarse a un patrón regular.

Aunque la regla suele bajar una vez al mes, también hay mujeres que la tienen cada veintiséis días y otras cada treinta y dos días. Si estás entre la mayoría, probablemente tendrás la regla cada veintiocho días aproximadamente. Sin embargo, más vale no esperar demasiada regularidad cuando se empieza a menstruar. Durante un año o dos, hasta que el cuerpo se habitúa, se puede llegar a tener dos períodos con una semana de diferencia y luego no tener otro hasta pasados algunos meses. De hecho, algunas mujeres tienen habitualmente unos ciclos más bien irregulares.

CONTROL MENSTRUAL

MES	1	2	3	4	5	6	7	8	9	10	11	12	13	14	15	16	17	18	19	20	21	22	23	24	25	26	27	28	29	30	31	Número de días desde el principio de la regla hasta el principio de la siguiente	Control mamario
Ene.																																	
Feb.																																	
Mar.																																	
Abr.																																	
May.																																	
Jun.																																	
Jul.																																	
Agos.																																	
Sep.																																	
Oct.																																	
Nov.																																	
Dic.																																	

TIPO DE FLUJO:

Normal ☒
Muy poco ▢ (O)
Muy abundante ■
Unas gotas ▢ (G)

Llevar el control

Cada mujer tiene su ciclo particular. La mejor manera de aprender cómo es nuestro propio ciclo menstrual consiste en llevar el control de las reglas en un calendario o en un cuaderno. Empieza con el primer día de la regla y marca los días que te dura el flujo menstrual. Si quieres, también puedes anotar observaciones sobre el día de mayor cantidad de flujo, sobre cómo te has sentido o cualquier otra cosa que desees recordar. Si llevas un control de los siguientes doce períodos, acabarás por descubrir una cierta regularidad. Este método te ayudará a saber con qué frecuencia debes esperar la regla, cuánto tiempo te suele durar, y qué días convendrá que lleves compresas o tampones de repuesto. (En el capítulo 4 nos ocuparemos de lo que conviene usar cuando se tiene la regla.)

¿Qué se siente durante el ciclo menstrual?

La respuesta a esta pregunta dependerá de a quién la formulemos. No sólo varía en cada mujer, sino que una misma mujer puede sentirse de forma muy distinta de un mes a otro.

Muchas mujeres no notan cuando un óvulo se desprende del ovario. Pero algunas saben cuándo sucede, porque sienten una punzada o un dolor en el abdomen. Esa sensación se llama contracción.

Algunas mujeres no notan nada en los días que anteceden a la regla o mientras la tienen. Puede decirse que son afortunadas. Pero deben estar especialmente alerta y llevar un control de sus reglas, pues de otro modo el primer día las cogerá desprevenidas.

La mayoría de nosotras, sin embargo, recibimos señales de nuestro cuerpo avisándonos de que la regla está en camino. Tal vez el aviso más común de que al cabo de unos días va a empezar la menstruación es que el pecho se hincha ligeramente o se nota más sensible de lo normal. Como durante ese período el cuerpo tiende a retener líquidos, es posible que te sientas un poco hinchada.

Algunas mujeres notan que están más sensibles justo antes de que les venga la regla. Eso puede traducirse en que estés más maniática o sensible por cosas que normalmente no te preocuparían. Esos sentimientos están relacionados con los cambios hormonales y forman parte del síndrome premenstrual, o SPM para abreviarlo.

"CONTRACCIONES"

También es posible que te salgan granos en la piel al principio del período, lo cual no es más que otra pista. Estos avisos previos tienden a disminuir o a desaparecer cuando baja la regla.

Contracciones

Por lo general, una chica suele notar *algo* cuando tiene la regla, por lo menos algunos meses. Es raro que una mujer no haya tenido contracciones nunca en su vida, ya que algunas mujeres las tienen con frecuencia. Aunque las contracciones resultan incómodas, no significan que algo vaya mal. Las contracciones suelen darse sólo al principio del período, y luego desaparecen. Para la mayoría de mujeres son perceptibles, pero no tan molestas como para tener que meterse en cama. Sin embargo, algunas chicas sufren fuertes molestias. Afortunadamente, hay muchas formas de combatirlas o, al menos, de aliviarlas. (Hablaremos de cómo tratar las contracciones y otros problemas menstruales en el capítulo 7.) Pero una cosa es segura, cuanto más se aprenda sobre lo que le sucede a nuestro cuerpo durante el ciclo menstrual, más fácil nos resultará entender nuestra regla. Para aprender sólo se necesita un poco de tiempo y práctica.

·4·

Qué usar

A través de tu madre o hermanas mayores, de tus amigas o incluso de la televisión, seguramente ya tendrás una idea de los productos que existen en el mercado para absorber el flujo menstrual. Sin embargo, hasta que no vayas personalmente a comprarlos, no te darás cuenta de la gran cantidad de opciones que hay. Un vistazo a la estantería de la farmacia abarrotada de diferentes marcas de compresas extra, tampones superabsorbentes, salvaslips, tampones regulares, compresas finas para el día, tampones con aplicador, tampones sin aplicador, compresas con desodorante, compresas sin desodorante; realmente, entran ganas de tirar la toalla.

¡Que no cunda el pánico! Decidir qué es más aconsejable ponerse, en realidad no resulta tan difícil como parece. A pesar de tanta variedad,

la elección se reduce a tan sólo dos posibilidades: algún tipo de compresa o algún tipo de tampón.

Las compresas se colocan sobre el ruso de las bragas. Son de algodón suave y suelen llevar una protección de plástico en la base para que la sangre no traspase y manche la ropa. Algunas llevan 'alas' de plástico a los lados, que ofrecen protección adicional. En la base, las compresas llevan una tira adhesiva que las mantiene pegadas a las bragas. Existen compresas de varios grosores para flujos menstruales más o menos abundantes.

Los tampones también son de algodón absorbente, pero tienen forma de barra de labios para poder adaptarse a la vagina. Algunos tipos de tampones tienen un aplicador de plástico o de cartón desechable para facilitar

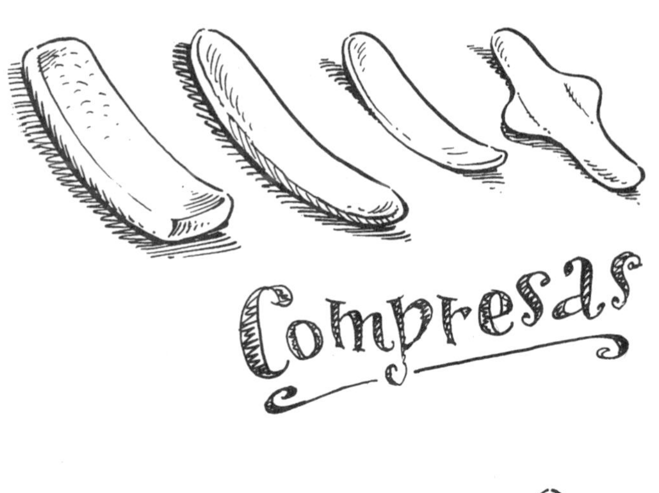
Compresas

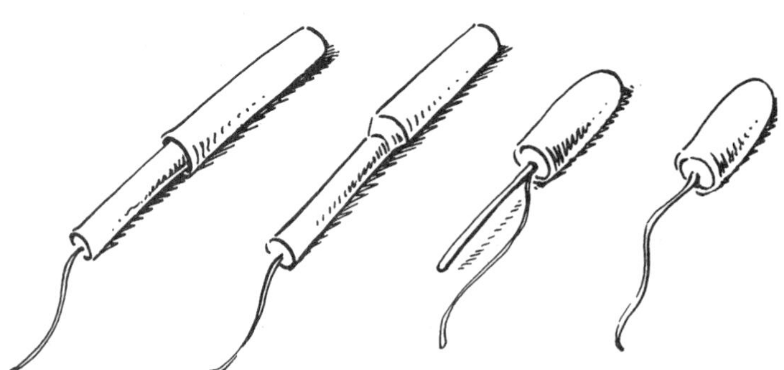
Tampones

su introducción. Otros se introducen con el dedo. Todos los tampones llevan un cordelito en uno de sus extremos, del que deberás tirar para sacártelo. También hay varios modelos, para flujos más o menos abundantes.

Como ves, existe una gran diferencia entre las compresas y los tampones. Pero también tienen cosas en común. Ambos son fáciles de usar. Ambos son cómodos. Ambos se presentan en diferentes tamaños para adaptarse al tipo de absorbencia necesaria para cada tipo de flujo menstrual. Y, lo mejor de todo, ninguna de las dos opciones se nota.

¿Cuál es la mejor opción?

La respuesta depende por completo de cada chica. La mayoría prefieren una opción a la otra. Pero las dos tienen sus ventajas particulares.

Por ejemplo, una de las razones por la que muchas chicas prefieren las compresas es la facilidad a la hora de usarlas. Incluso una principiante puede ponerse una sin problemas. Se quita la tira de papel que protege la zona adhesiva, se coloca la compresa en el ruso de las bragas con la parte adherente hacia abajo, se presiona un poco para que la compresa se adhiera firmemente a las bragas, ¡y listo!

Por otra parte, las compresas ocupan más sitio en el bolso que los tampones. Si vas a algún sitio muy arreglada y llevas un bolso pequeño, te será difícil encontrar sitio para meter una compresa.

El mayor inconveniente de la compresa es que no puedes ir a nadar llevándola puesta. Como puedes suponer, en cuanto se moje llevarás una masa empapada de algodón entre las piernas que te resultará de lo más incómodo. Aunque no tengas intención de bañarte, una compresa hace demasiado bulto para llevarla con un bañador ajustado.

El hecho de poder ir a nadar constituye una de las razones por las que muchas chicas prefieren los tampones. Como se alojan en el interior del cuerpo, donde no llega el agua, no se empapan como las compresas. Además, al quedar sólo el cordelito fuera del cuerpo, el tampón es completa-

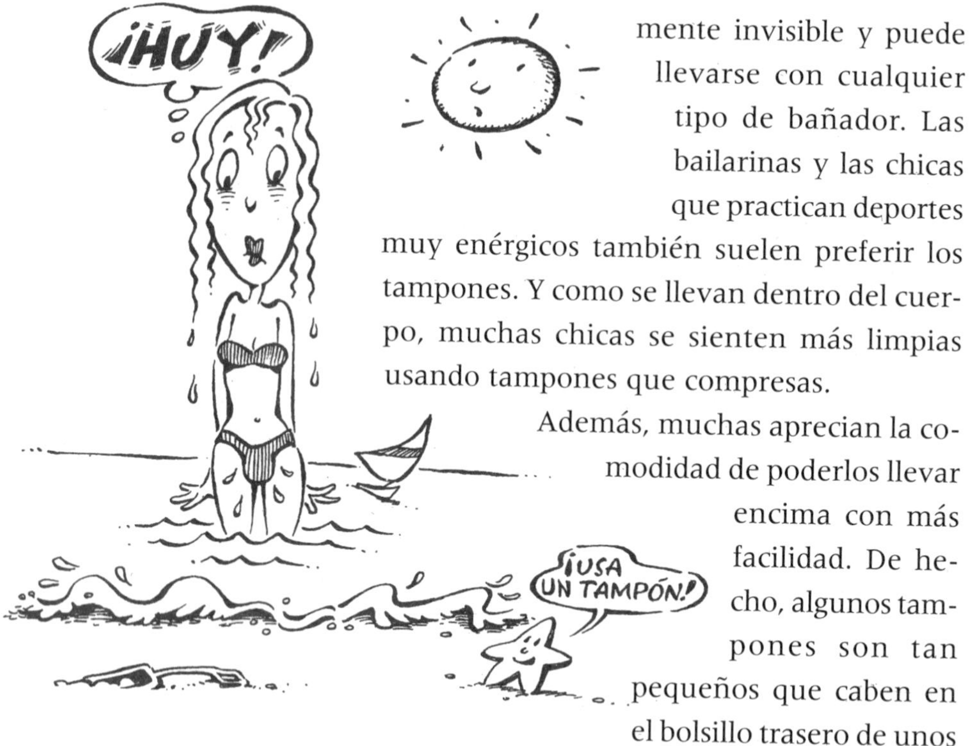

mente invisible y puede llevarse con cualquier tipo de bañador. Las bailarinas y las chicas que practican deportes muy enérgicos también suelen preferir los tampones. Y como se llevan dentro del cuerpo, muchas chicas se sienten más limpias usando tampones que compresas.

Además, muchas aprecian la comodidad de poderlos llevar encima con más facilidad. De hecho, algunos tampones son tan pequeños que caben en el bolsillo trasero de unos vaqueros ajustados sin que se note nada y, por lo general, un par de tampones se pueden meter en cualquier bolso, por pequeño que sea. Para terminar, una vez se aprende cómo ponerlos, apenas se notan. A muchas chicas les gusta la sensación de que con los tampones apenas notan que tienen la regla, lo que hace que se puedan sentir como en un día normal.

Asusta un poco...

Pero los tampones tienen también algunos inconvenientes. Probablemente el mayor sea el hecho de aprender a introducirlos. Aunque ponerse un tampón es muy fácil, a algunas chicas les da un poco de reparo y, a veces, verdadero miedo. Les preocupa que puedan hacerse daño al introducírselo o que el tampón se les pierda por el cuerpo y no se lo puedan sacar. Algunas piensan que las chicas que son vírgenes (que aún no han tenido relaciones sexuales) no deben usarlos, ya que al ponérselos perderán la virginidad.

Afortunadamente, nada de eso es cierto. Una no se hace daño al introducirse un tampón en la vagina. Conviene recordar que las paredes de la vagina son elásticas y se expanden, de forma que, aunque el tampón al principio pueda parecer demasiado grande como para que quepa, es mucho más estrecho que la vagina.

Un tampón no puede perderse en el interior del cuerpo, sencillamente porque no tiene adonde ir. Si repasas el capítulo 2, verás que el orificio del cuello uterino (la abertura que va desde la vagina al útero) es muy pequeño, tan sólo del tamaño de una cabeza de fósforo. Un tampón es demasiado grande para atravesar ese espacio, y por tanto no puede perderse en el interior del cuerpo. Tiene que quedarse en la vagina hasta que decidas sacarlo.

Las chicas que son vírgenes suelen tener el himen extendido a lo largo de la abertura de la vagina. Por eso, mucha gente piensa, equivocadamente, que esas chicas no pueden o no deben usar tampones. Creen que el himen se romperá al introducir el tampón. Pero si lo piensas detenidamente, comprenderás que eso no tiene sentido. Después de todo, el himen ya tiene uno o varios agujeros, y por eso puede salir el flujo menstrual. Se pueden utilizar tampones sin que por ello vaya a romperse el himen. Otro factor importante, que mucha gente olvida, es que un himen roto no significa que una chica ya no sea virgen. El himen se puede romper de muchas maneras además de con las relaciones sexuales. Si una chica no ha tenido relaciones sexuales, sigue siendo virgen tanto si conserva el himen como si no.

Puesto que tanto las compresas como los tampones tienen ventajas, muchas chicas alternan el uso de ambas opciones. Se ponen tampones para ir a la playa, y compresas durante el resto del período. Otras chicas que normalmente prefieren usar tampones, se sienten incómodas con ellos los días que tienen contracciones. Esos días prefieren usar compresas.

Practicar

¿Alguna vez te has preguntado qué se siente al llevar una compresa? Una forma de saberlo es probarlo y ver qué pasa. En realidad, es buena idea hacerlo *antes* de que necesites llevarla, así sabrás qué pasa cuando llegue el momento. La mayoría de las chicas prefieren una compresa fina para probar.

También es recomendable practicar con un tampón al menos una vez, aunque sepas con certeza que prefieres llevar compresas. Por una simple razón: que en situaciones de emergencia sólo puedas conseguir tampones. Te resultará mucho más relajado aprender a introducirte un tampón en casa que hacerlo atrapada en un baño extraño, sudando con la lectura del diminuto papel de las instrucciones. Además, tarde o temprano te encontrarás con que te viene la regla precisamente el día en que habías decidido ir a la playa.

Ponerse un tampón

Si decides practicar de antemano cómo ponerte un tampón, he aquí algunos consejos. Antes que nada, compra tampones de tamaño pequeño o mini, no los de tamaño regular o súper, ya que los mini lógicamente son más pequeños y resulta más fácil aprender con ellos.

Como ya hemos dicho, los tampones suelen llevar un aplicador de cartón o de plástico o bien se introducen con el dedo.

El secreto para ponerse un tampón es relajarse. Es normal que estés un poco tensa por la idea de introducirte algo por la vagina. No has tenido hasta ahora ninguna experiencia parecida, por lo que al principio puede que te sientas rara.

Normalmente, las mujeres se introducen los tampones sentadas en el váter. Puedes hacerlo así si lo deseas, pero la primera vez quizá te resulte más sencillo, para estar más relajada, tumbarte en la cama.

Para empezar, conviene que te laves las manos. Luego debes quitar el papel del tampón y comprobar que el hilo cuelga del final del aplicador. Usa el pulgar y el dedo corazón para sujetar el final del tubo; luego desliza la punta delantera en tu vagina y empuja el primer tubo hacia adentro hasta que tus dedos toquen tu cuerpo. A continuación, empuja el tubo más delgado al interior del más grueso. Puedes utilizar el dedo índice o cualquier dedo de la otra mano. El tubo pequeño empujará el tampón al interior de la vagina. El aplicador colocará el tampón tras la protección ósea, de forma que no hará falta empujarlo más para que penetre más adentro. Ya sólo tienes que sacar el tubo aplicador, y el tampón habrá quedado colocado en el lugar correcto. Aunque algunos aplicadores se pueden tirar al váter, es mejor no hacerlo. Lo más aconsejable es envol-

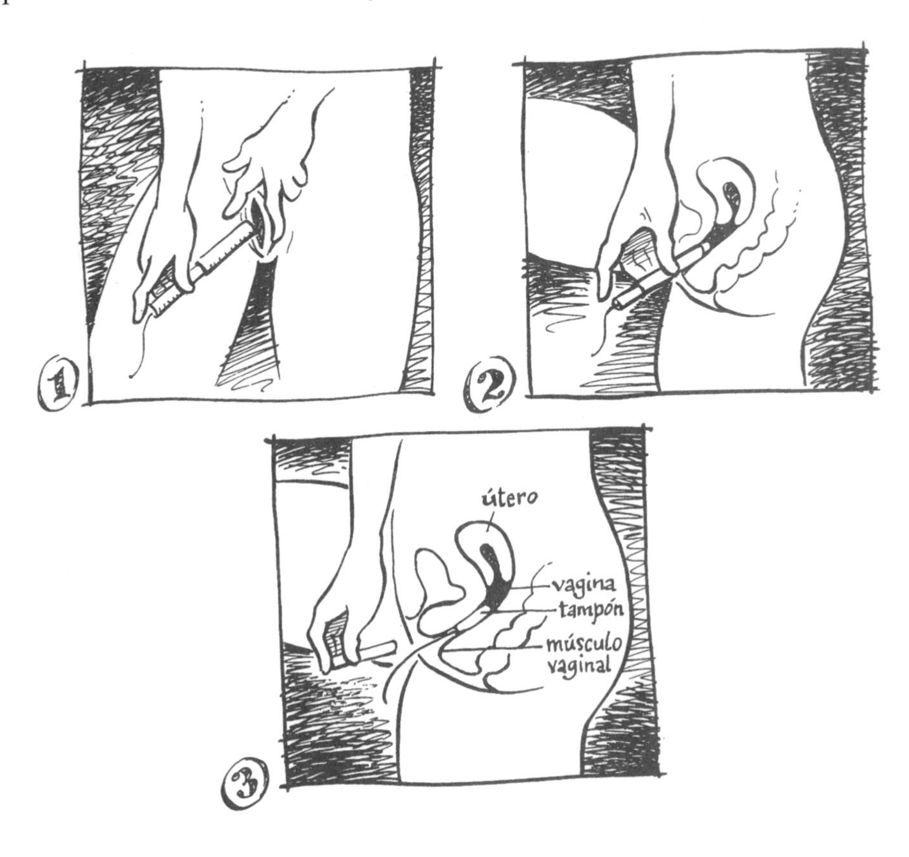

verlo en papel higiénico y tirarlo a la basura. Igual que todos los tampones, éstos se sacan tirando suavemente del cordelito.

Introducir un tampón sin aplicador es un proceso muy parecido, salvo que se usa el dedo para empujar el tampón al interior del cuerpo en lugar del pequeño tubo del aplicador. Sujeta el tampón entre el pulgar y el índice o el dedo corazón. Cuando te lo hayas introducido, empújalo un poco más por la punta con un dedo. Así te aseguras de que ha pasado la protección ósea que rodea el orificio de la vagina. Si el tampón está correctamente colocado, no se nota. Si lo notas, probablemente no lo has empujado suficiente y no ha pasado la protección ósea.

A algunas chicas ponerse un tampón les resulta tan fácil que seguramente se estarán preguntando a qué vienen tantas explicaciones. Pero son muchas las que se ponen nerviosas la primera vez que lo prueban. Si te ocurre a ti, tranquilízate, respira hondo y espera un rato antes de volver a intentarlo. Es más difícil introducirlo si estás tensa; procura relajarte y todo te será más fácil. La segunda vez, seguro que la prueba será un éxito.

Cuándo cambiarse

Al cabo de un rato, tanto compresas como tampones han absorbido todo el flujo para el que tienen capacidad y hay que cambiarse. En general, las compresas deben cambiarse cada tres o cuatro horas, incluso en los días en que el flujo es menor y la compresa no ha llegado a mancharse del todo. Cambiarse con frecuencia, evita que las compresas desprendan olor.

Los días en que el período es más abundante, las compresas se empapan más rápidamente y hay que cambiarse más a menudo.

Antes de tirar una compresa a la basura, conviene envolverla en papel higiénico. En muchos lavabos públicos hay unos contenedores especiales para tirar compresas y tampones. Nunca se deben echar las compresas al váter. Aunque en teoría los tampones sí pueden echarse al váter, es mejor no hacerlo ya que podrían atascarlo.

Los tampones también deben cambiarse cada tres o cuatro horas. Al igual que las compresas, es necesario cambiarlos con mayor frecuencia los días en que el flujo menstrual es más abundante. Sin embargo, a diferencia de las compresas, los tampones quedan alojados en el interior del cuerpo, y por ello no se puede echar un simple vistazo para saber si se han empapado antes de lo previsto. Eso significa que una debe acordarse de cuándo se ha puesto el último tampón. Si te preocupa que el tampón se empape y puedas mancharte inesperadamente, siempre puedes ponerte un salvaslip para tener mayor seguridad.

Hay otra razón por la que es importante recordar cuándo te has puesto el último tampón, y es que cuando está dentro no se nota, por lo que es muy fácil ovidar que lo llevas. Eso es especialmente posible el último día de la regla, cuando apenas se sangra. Como la sangre no traspasa, no habrá nada que te recuerde que llevas puesto un tampón.

El síndrome tóxico

Cuando el flujo es escaso, resulta tentador aguantar todo el día con el mismo tampón. Sin embargo, ¡*no es* una buena idea! Llevar un tampón durante mucho tiempo aumenta las probabilidades de contraer una enfermedad llamada síndrome tóxico. El síndrome tóxico es *muy, muy* raro, pero es muy grave. Aunque cualquiera puede contraer esta enfermedad (incluidas las mujeres que ya no menstrúan y también los hombres) se ha observado una cierta incidencia en mujeres que usan tampones.

Aunque las probabilidades de contraer un síndrome tóxico son pequeñas, es conveniente saber cuáles son sus síntomas para estar informadas. Si en cualquier momento, al llevar un tampón, de repente te sube una fiebre alta, tienes vómitos, diarrea, una erupción como la de una insolación, náuseas, dolores musculares o un desmayo al levantarte, quítate el tampón y llama al médico de inmediato.

Los tampones en sí no causan el síndrome tóxico. La enfermedad la produce un tipo de bacteria. Pero si se dejan mucho tiempo dentro, los tampones pueden ser un foco de producción de esos gérmenes. Por eso es tan importante cambiarse regularmente de tampón.

Para tu seguridad utiliza sólo la absorbencia que necesites. Dado que el síndrome tóxico aparece preferentemente con el uso de tampones superabsorbentes, no es conveniente utilizar este tamaño si no se tiene un flujo muy abundante. Algunas chicas que tienen un flujo escaso piensan que usando un tampón superabsorbente no tendrán que estar pensando todo el día en cambiarse. Como ves, ¡es una idea realmente *nefasta*!

Mantenerse «fresca»

En los países occidentales, a mucha gente le preocupa en exceso el olor corporal. Seguramente ya debes saber que existen muchos desodorantes, antitranspirantes, elixires bucales, *sprays* para los pies, y demás productos fabricados para hacer que tu cuerpo y tu aliento huelan mejor. Es difícil

encontrar personas que no dependan por lo menos de alguno de esos productos.

Aunque con ducharse, llevar ropa limpia y lavarse los dientes regularmente suele ser suficiente para evitar esos olores desagradables, puede que desees de todos modos usar alguno de esos productos. Está bien. Aunque no lo necesites realmente, pueden hacer que te sientas más segura. Y, a menos que tengas alergia a alguno de sus componentes, no son perjudiciales.

Pero también te habrás dado cuenta de que los anuncios suelen insistir en que las mujeres deben preocuparse por mantenerse «frescas» ciertas épocas del mes. Aunque no lo dicen directamente, insinúan que la zona de la vagina huele mal o que tiene un olor desagradable cuando se tiene la regla. A las chicas que tienen su primera regla, la idea puede incomodarlas. ¡Al fin y al cabo, lo último que quieren es despedir un olor repugnante que anuncie a todo el mundo que tienen la regla!

¡Afortunadamente, eso es algo por lo que *no* debes preocuparte! Si una está sana, se ducha a diario (lavando bien la zona entre las piernas), lleva las bragas limpias y se cambia la compresa o el tampón con regularidad cuando tiene la menstruación, no necesita ningún producto especial. No debe preocuparte la idea de que tus genitales huelan mal o de que los demás noten por tu olor que estás menstruando. ¡No es cierta!

Seguramente ya te bañas o te duchas regularmente y llevas ropa recién lavada, la única cosa que debes recordar es cambiarte las compresas o los tampones a menudo, aunque no temas que traspasen.

Un lavado íntimo es un producto que se anuncia para mantener la vagina con un olor fresco. Sin embargo, como el cuerpo produce secreciones naturales que enjuagan la vagina, los desodorantes íntimos, como se les llama, resultan innecesarios. En el único caso en que puedes necesitar un lavado vaginal es antes de introducir medicación por la vagina. Pero el ginecólogo será quien decida si es necesario.

·5·

Visitar al ginecólogo

El ginecólogo es el médico que ha estudiado específicamente el cuerpo femenino. Por lo tanto, es a quien debes consultar cuando tengas alguna cuestión médica referente al pecho, los órganos sexuales o la regla. Los ginecólogos también pueden ayudar en asuntos relacionados con los métodos anticonceptivos o con la maternidad. Pero sobre todo, la labor del ginecólogo es ayudar a mantenernos sanas.

Puesto que todas las mujeres adultas deben visitar al ginecólogo una vez al año para saber si sus órganos femeninos están bien, tu madre ya tendrá probablemente uno de su confianza. Un buen ginecólogo tomará en serio cualquier pregunta y te la responderá con todo detalle, aunque tú temas que le pueda parecer una tontería.

Es fácil imaginar cómo examina el pecho un ginecólogo, pero debes de estar preguntándote cómo examina los órganos sexuales internos: la vagina, el útero y los ovarios. La respuesta es sencilla: mira a través de la entrada de la vagina. Este tipo de examen se llama examen pélvico.

El primer examen pélvico

Si no sabes cómo va a ser, el primer examen pélvico te parecerá una experiencia incómoda. Después de todo, no pasa cada día que un extraño mire a través de tu vagina.

Afortunadamente, se trata de un procedimiento bastante simple y sólo dura unos cinco minutos. Aunque no resulte agradable, no duele, y muchas chicas se acostumbran enseguida.

En primer lugar, el médico te pedirá que te tumbes boca arriba, con las piernas separadas y apoyadas sobre unos estribos. Luego, él o ella te introducirá un instrumento en la vagina, llamado espéculo, para mantener las paredes vaginales separadas. (Recuerda, no duele.) A continuación, con la ayuda de una pequeña linterna, el médico mirará en tu interior.

Como el ginecólogo no puede ver más allá del cuello del útero, hay otra forma de examinar el útero y los ovarios. Te introduce un dedo en la vagina y presiona suavemente sobre el estómago con la otra mano. Eso le permite notar el útero y los ovarios, que están en medio. Sentirás una ligera presión, pero no te dolerá.

¿Relajarse?

Los ginecólogos entienden perfectamente que la mayoría de las chicas se sientan violentas ante la idea de someterse a un examen pélvico. Saben que probablemente estarás un poco nerviosa, y procurarán ayudarte a que te relajes. Hay médicos que optan por colocar unos círculos con frases divertidas pegados al techo sobre la camilla. De esta forma, mientras la paciente está tumbada pasando el examen, puede distraerse y reírse con algo.

Algunas chicas se sienten más cómodas si el ginecólogo es una mujer. Pero lo más importante es encontrar a alguien que te guste y con quien puedas hablar.

La primera regla constituye una buena oportunidad para hablar con un ginecólogo, y muchos médicos creen conveniente realizar en ese momento un examen pélvico. En cualquier caso, debes consultar a un ginecólogo cuando tengas tus primeras relaciones sexuales o cumplas los dieciocho años, suceda antes lo que suceda. Y, naturalmente, tengas la edad que tengas, si crees que algo va mal pídele a tu madre que te pida hora para el ginecólogo.

·6·

¿Es normal?

A la mayoría de chicos y chicas jóvenes que pasan la pubertad les preocupa saber si son normales. Con tanto cambio físico, muchos temen que algo no vaya bien. Como no saben exactamente qué les va a suceder, suelen compararse con otros chicos o chicas de su edad. Suponen que, si son como los demás, deben de ser normales.

El único problema es que los términos 'normal' y 'como los demás' muchas veces no significan lo mismo. Cuando se dice que el cuerpo de una persona es normal, se refiere a que está sano y se está desarrollando de la forma adecuada. Por el contrario, si se usa la expresión 'como los demás', no significa exactamente como *todos* los demás, sino como la mayoría de personas conocidas o a las que uno se quiere parecer.

A veces, puede que consideres casi tan importante parecerte a tus amigos como ser normal. ¡Pero en realidad existe una gran diferencia! En un año o dos, muchas de las cosas que ahora te hacen sentir distinta a tus amigos, como ser la primera chica de la clase que tiene la regla, dejarán de tener importancia. Otras diferencias que no te agradaban cuando eras más

pequeña, como ser la más alta de la clase, puede que ahora figuren entre las cosas que más aprecias de ti misma como adulta.

Por otra parte, si algo de lo que te ocurre realmente no fuera normal, debes consultar a un médico. A veces, las chicas pueden llegar a preocuparse tanto por si algo no va bien que temen consultar a alguien para salir de dudas, especialmente cuando se trata de un asunto tan personal como puede ser la menstruación. Eso significa que muchas chicas se preocupan sin necesidad por cosas que son perfectamente naturales, mientras que otras ocultan problemas que necesitan atención médica.

Si crees que algo de lo que te pasa no es normal, no temas hablar con tu madre o con el ginecólogo acerca de esa preocupación. Ambos pueden explicarte qué está pasando en tu cuerpo. También te ayudará el hecho de conocer algunas de las preocupaciones de otras chicas:

«Mi pecho derecho es más pequeño que el izquierdo. Todo el mundo decía que al final se equilibraría con el otro, pero no ha sido así. ¿Por qué?»

Es muy frecuente que un pecho se desarrolle antes que el otro. Por regla general, el pecho más pequeño acaba por alcanzar el tamaño del mayor, pero también puede ocurrir que no sea así. Es perfectamente normal tener pechos ligeramente diferentes de tamaño, o tener un pecho algo más bajo que el otro, o tener uno que apunte adelante mientras que el otro apunte a un lado.

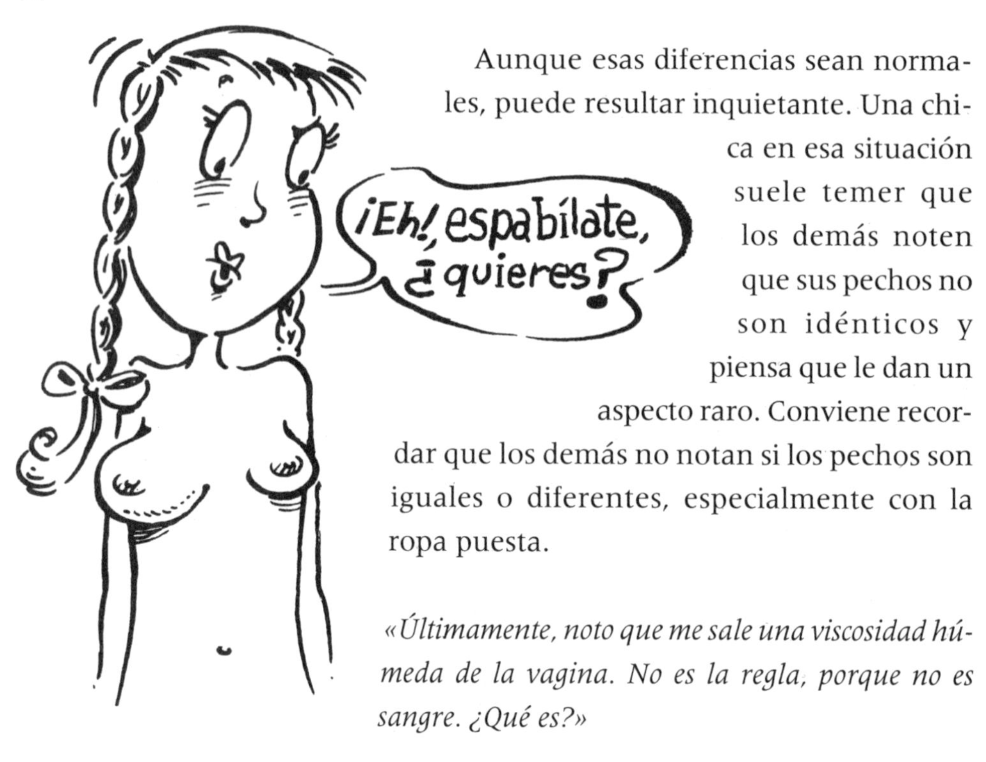

Aunque esas diferencias sean normales, puede resultar inquietante. Una chica en esa situación suele temer que los demás noten que sus pechos no son idénticos y piensa que le dan un aspecto raro. Conviene recordar que los demás no notan si los pechos son iguales o diferentes, especialmente con la ropa puesta.

«Últimamente, noto que me sale una viscosidad húmeda de la vagina. No es la regla, porque no es sangre. ¿Qué es?»

Cuando una chica se transforma en mujer, las paredes de la vagina empiezan a segregar un fluido. Ese fluido tiene dos funciones. Ayuda a lubricar la vagina para que las relaciones sexuales sean más fáciles, y elimina células muertas que la vagina expulsa.

Las chicas suelen notar esas secreciones un año o dos antes de tener la primera regla. En mujeres sanas, las secreciones vaginales son claras, de un blanco lechoso o amarillentas, la sustancia puede ser viscosa o un poco pegajosa. En algunas mujeres, esas secreciones pueden aumentar en el período de la ovulación o pueden desarrollar una consistencia fibrosa.

Las secreciones vaginales son la causa de que aparezca una mancha amarilla en las bragas. Muchas veces, esas secreciones tienen un ligero olor, pero no es desagradable. Todo esto es perfectamente normal y es un signo de que el cuerpo está madurando.

Lo que *no* es normal es una descarga vaginal de color marrón o verdoso, con aspecto de queso fresco, que produzca picor o escozor, tenga una textura realmente pegajosa o un olor fuerte y desagradable. Estos síntomas son señal de que se padece una infección. Aunque las infecciones vaginales no suelen ser serias, es conveniente visitar al ginecólogo cuanto antes. Él o ella te recetará la medicación adecuada para resolver el problema.

«¡Estoy muy preocupada! Mi regla no es sólo sangre. Además tengo coágulos rojos y gelatinosos. ¿Se me caen trozos de carne?»

Esos coágulos son parte normal de la regla, aunque si no te los esperabas pueden ser un poco molestos. Cuando se tiene la regla, el útero expulsa células muertas además de sangre, todo eso mezclado con mucosidades que también elimina. Es más frecuente tener coágulos en los días de mayor flujo.

«Tuve mi primera regla hace unos meses, y la segunda al mes siguiente. Pero desde entonces no la he vuelto a tener. Me da miedo contárselo a mi madre, porque he oído decir que cuando una mujer no tiene la regla, significa que está embarazada. Pero, ***sinceramente****, ¡no he tenido aún ninguna relación sexual! ¿Podría estar embarazada de todas formas?»*

Evidentemente, la única forma de que una mujer se quede embarazada es cuando un hombre introduce esperma en su interior. Y eso sólo puede suceder cuando introduce el pene en la vagina, expulsa esperma a la entrada de la misma o tiene esperma en un dedo y lo mete en la vagina. Si no has hecho nada de todo eso, no es posible que estés embarazada.

El embarazo sólo es una de las muchas razones por las que una mujer puede dejar de tener la regla durante un par de meses. Las chicas suelen tener reglas irregulares en sus primeras menstruaciones. Pueden tener dos reglas en un mes y medio, y luego no tener otra en varios meses. El

cuerpo suele tardar unos dos años en regularse. Incluso pasados esos años, no es probable que menstrúe *exactamente* los mismos días cada mes.

Factores como el estrés, las preocupaciones emocionales, enfermedades o viajes pueden alterar el ciclo menstrual y hacer que se adelante o se atrase, incluso en mujeres que lo tienen muy regular. Además, la rutina para algunas es precisamente ser irregulares, con intervalos de tiempo muy diferentes entre reglas. Les es más difícil anticipar cuándo van a tener la menstruación, pero es algo normal en ellas.

No temas hablar con tu madre de lo que te pasa con la regla. De hecho, puede que a ella le ocurriera lo mismo a tu edad, y tal vez le encante poder compartir su experiencia contigo.

«Sangro mucho cuando tengo la regla. ¡Y me refiero a ***gran cantidad****! Mi regla parece no parar nunca. No conozco a nadie que tenga reglas así.»*

La cantidad de sangre que perdemos durante el período puede parecernos mucha, pero por lo general no es tanta. En total, la mujer suele perder entre un par de cucharadas de sangre y una taza llena en cada menstruación. Puesto que los tampones y las compresas no tienen gran capacidad, es difícil saber exactamente cuánto se sangra. Pero si ves que estás *empapando completamente* una compresa o un tampón detrás de otro, de tal forma que te tienes que cambiar cada hora durante todo el día, seguramente estás sangrando demasiado y debes consultar a un ginecólogo.

La duración de la menstruación y la distancia entre una regla y la siguiente pueden también variar mucho, y no por ello se es menos normal, especialmente cuando se trata de las primeras reglas. Algunas chicas sangran sólo durante un par de días, mientras que otras tienen períodos que se alargan siete u ocho días. Cuando la menstruación es tan larga, suele amainar hacia el séptimo día. Y se acaba completamente un día o dos después.

Si tienes la regla continuamente o te vuelve a venir al cabo de un par de días es importante que consultes al médico. Igual que para ti son desconcertantes los cambios de la menstruación, puede que tu cuerpo también esté pasando dificultades para coordinarlo todo. Tu ginecólogo puede asegurarse de que no pierdes demasiada sangre y devolver tu ciclo menstrual a su curso normal.

«Yo creía que el vello púbico salía sólo entre las piernas, pero el mío crece trazando una línea recta hasta llegar al ombligo. Además, ¡me está saliendo bigote! ¡Parezco un hombre!»

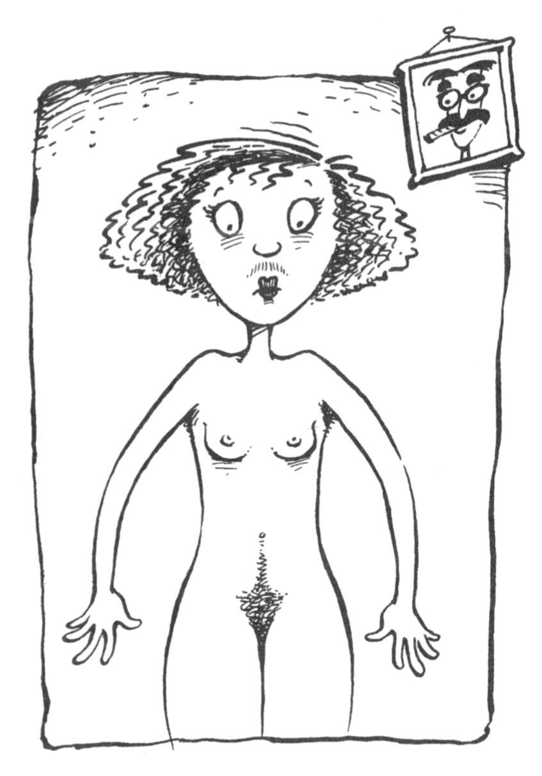

A algunas chicas el vello púbico les sale de manera natural en la parte alta de los muslos o hacia el ombligo. Otras puede que desarrollen pelos más oscuros en la zona del bigote. No hay nada raro en ello, ni tampoco significa que esas chicas sean de alguna forma menos femeninas.

En nuestra cultura, sin embargo, tener poco vello en el cuerpo se suele considerar más atractivo. Por eso la gran mayoría de chicas y mujeres se depilan las piernas o las axilas, o ambas partes. Aunque sea un hecho normal que te crezca vello oscuro hasta el ombligo o encima del labio, tal vez ello no te haga muy feliz.

Si eres una de esas chicas puedes optar por una de estas dos formas de resolver la situación. Una es, simplemente, concienciarse de que eso no es tan malo como crees. Por ejemplo, el pelo del labio superior, que a ti te recuerda al bigote de un hombre, es casi seguro que apenas es perceptible para los demás.

Aunque hay maneras de eliminar o decolorar el vello no deseado, hay cosas que bajo ningún concepto debes hacer. Afeitarte el bigote, por ejemplo, no sólo te irritará la zona, sino que probablemente, hará que el pelo te crezca más oscuro y duro. Además, cuidado con los depiladores químicos en la cara, a menos que estén específicamente fabricados para ese propósito. Pueden producir marcas en la piel.

Si te preocupa la cantidad de vello facial o en la zona púbica, ¿por qué no lo hablas con tu madre? Seguramente ella tuvo la misma preocupación y ha encontrado algunos remedios eficaces.

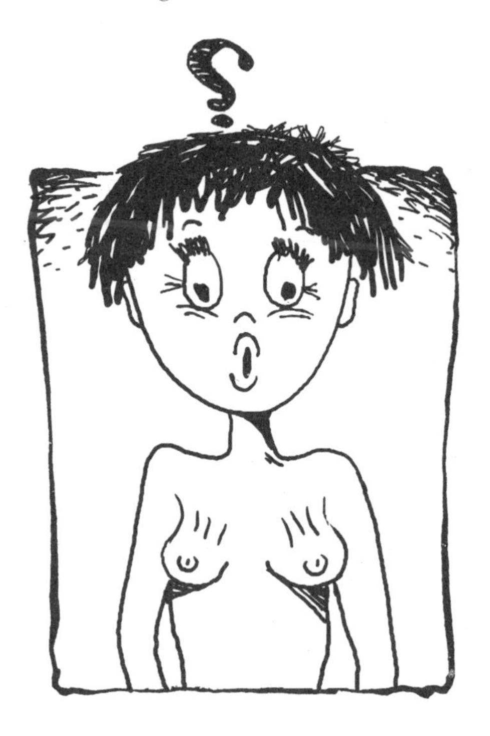

«¡Me están saliendo unas líneas horribles en los pechos. Es como si la piel empezara a romperse! ¿Qué pasa?»

Son estrías, y salen en cualquier parte del cuerpo donde la piel ha crecido muy rápidamente y ha perdido algo de su elasticidad. Aunque no te guste el aspecto que tienen, ciertamente no significa que la piel se vaya a romper. Puedes estar tranquila, ya que las estrías tienden a desaparecer y con el tiempo son menos visibles.

No es el cuerpo lo que nos parece anormal, sino nuestras emociones:

«Estoy en séptimo. Todas las demás se mueren por tener la regla, pero ***¡yo no quiero tenerla!*** *¿Por qué no puedo quedarme como estoy?»*

Aunque no les guste admitirlo, muchas chicas no quieren empezar a menstruar. A las chicas muy jóvenes, tener la primera regla antes que nadie puede parecerles injusto. De repente, tienen que preocuparse por las contracciones, por contar los días entre período y período, por llevar compresas al colegio y por no manchar de sangre la ropa, mientras que ninguna de las chicas que conocen tiene que preocuparse por esas cosas. Si sólo tienes nueve, diez u once años, el hecho de convertirte en una mujer puede ser un verdadero fastidio y una idea aterradora, especialmente si crees que no has tenido suficiente tiempo para ser una niña.

Muchas adolescentes tampoco se sienten demasiado ilusionadas con que su cuerpo esté madurando. El hecho de que están «transformándose en mujercitas» puede hacerles pensar que ya no van a poder hacer algunas de las cosas de las que habían disfrutado hasta entonces. O tal vez les parezca que de repente deben tener otros intereses (como el maquillaje o los chicos), cuando en realidad aquello les importa un pito.

No se puede hacer nada para detener o adelantar los cambios que se producen en el cuerpo. *¡Pero no debemos cambiar lo que sentimos o lo que nos interesa hasta que estemos preparadas!* Tener la regla no significa convertirse en una persona diferente. ¡Sigues siendo tú! Recuerda, hay diferentes tipos de mujer y mil formas de transformarse en mujer. Y tienes todo el tiempo que quieras para decidir qué tipo de mujer quieres ser *tú*.

·7·

Los problemas menstruales y cómo resolverlos

Son muy pocas las chicas que pasan por todos los problemas menstruales que vamos a tratar aquí, al menos no en cada regla. Pero muchas tendrán de vez en cuando, o quizás con frecuencia alguno de ellos. Estos problemas tenderán a desaparecer o a disminuir en un par de años, a medida que el cuerpo se vaya adaptando a los cambios de la pubertad; por tanto, el hecho de tener alguna de esas dificultades no significa necesariamente que se vayan a arrastrar toda la vida. En cualquier caso, con un poco de práctica se puede aprender a resolverlos para que resulten menos molestos.

Acné

El acné no debe considerarse un problema menstrual ya que afecta tanto a chicos como a chicas. Pero a muchas chicas suelen salirles granos cuando les viene la regla, y por ello suelen preocuparse más.

Puesto que los granos se producen cuando un poro de la piel queda taponado por la grasa y se infecta, lo más importante para prevenirlos es mantener la piel limpia. De esa forma existen menos posibilidades de que la grasa se acumule en la superficie de la piel y, si lo hace, hay menos posibilidades de que alguna bacteria produzca una infección.

Mantener la piel limpia implica lavarse la cara a diario, por la mañana y antes de acostarse. También significa mantener el pelo limpio pues el pelo sucio en contacto con la cara añade grasa y bacterias a tu piel. Algunas chicas con tendencia a tener granos en la frente llevan cintas o diademas para ocultar el problema, sin darse cuenta de que éstas pueden ser la causa principal. Hay que lavar la cinta para el pelo con frecuencia. Dado que los granos salen también en los hombros y en la espalda, es conveniente asimismo, mantener limpias esas zonas.

Todos los libros que tratan el tema de los granos advierten a los adolescentes que no hay que tocarlos o reventarlos ya que ello produce marcas permanentes. ¡Y todos esos libros tienen razón! Pero muchos jóvenes siguen con su costumbre de reventarse los granos. Es ciertamente una mala costumbre, pero si se quiere hacer a pesar de todo, antes por lo menos, hay que lavarse las manos y la cara (o la zona donde se encuentre el grano).

Como sabes por los anuncios de la televisión y las revistas, existen en el mercado muchos jabones, lociones y cremas para prevenir el acné o eliminarlo. Si estás preocupada porque tienes acné, por lo general esos productos suelen ayudar.

Aunque la mayoría de chicos y chicas tienen granos pequeños y sólo ocasionalmente, algunos adolescentes tienen problemas de piel más graves. Si eres uno de ellos, pide a tus padres que te lleven a un dermatólogo, el médico especialista en problemas de la piel. Un dermatólogo puede recetarte una medicación más efectiva para hacer frente a la situación.

Lo bueno de los granos es que no se tienen toda la vida. Suelen salir, en la mayoría de los casos, entre los catorce y los diecisiete años. Normalmente, cuando se cumplen los veinte, los granos ya son agua pasada.

Pecho hinchado o sensible

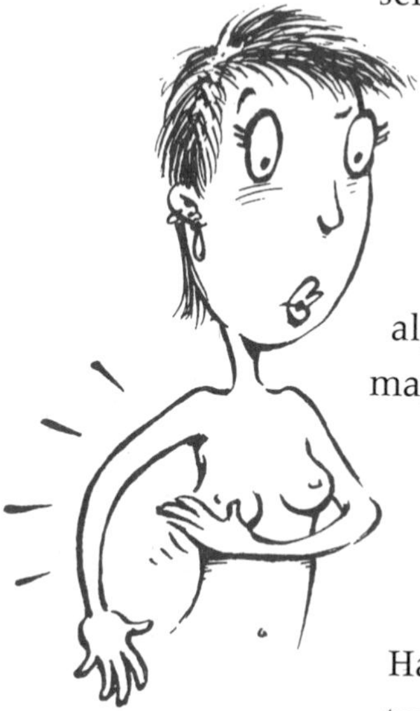

A algunas chicas se les hincha el pecho o lo tienen más sensible cuando les viene la regla. Normalmente no pasa de ser un poco incómodo, pero a veces puede ser también molesto o doloroso. Si te afecta ese problema y tienes poco pecho, es mejor que vayas esos días sin sujetador. Por el contrario, si tienes el pecho grande o practicas algún deporte enérgico, llevar un sujetador de mayor sujeción te resultará más cómodo.

Contracciones

Hay chicas y mujeres que casi nunca tienen contracciones, mientras que otras las tienen con mayor frecuencia y unas pocas las sufren casi cada mes. Como las contracciones pueden ir desde una sensación suave a un dolor penetrante, qué hacer dependerá de lo mal que una se encuentre.

Si tienes contracciones suaves durante un día o menos, te será posible ignorarlas. Pero si las molestias no te lo permiten, una aspirina, una pasti-

lla contra el dolor que no contenga analgésicos, o bien una medicación específica para los dolores menstruales (que puedes comprar en cualquier farmacia) bastará para eliminarlos y llevar una vida normal. El calor también alivia el dolor de las contracciones. Prueba con tomar un baño largo o ponerte una compresa caliente o una botella de agua caliente sobre el estómago. Un suave masaje sobre el abdomen también te aliviará. Es mejor llevar a cabo actividades que no sean muy bruscas los días en que sientas este tipo de malestar. Por ejemplo, puede ser un buen momento para leer un libro o alquilar aquellos vídeos que querías ver.

Algunas chicas no encuentran alivio en ninguna de esas soluciones, y tienen unas contracciones tan dolorosas que se sienten fatal casi cada mes. Si eres una de ellas, ya sabes que las contracciones fuertes son un penoso contratiempo. Sólo las personas que nunca las han sufrido pueden ser lo bastante estúpidas como para decir que te quejas por nada o que todo son imaginaciones tuyas. Si tienes con frecuencia contracciones fuertes, acude al ginecólogo; él puede determinar la causa de las mismas y darte una medicación más fuerte para paliar el dolor.

Emociones raras

Es sorprendente, pero algunas mujeres tienen más energía y se sienten de mejor humor cuando están menstruando. Sin embargo, como no se quejan por el hecho de sentirse mejor, no se suele hablar del aspecto positivo de la regla. Lo que sí suele oírse es cómo se sienten las mujeres que preferirían no tenerla, así como la tristeza o la irritación que las invade.

Como es lógico, si una tiene contracciones dolorosas no acostumbra a estar de buen humor. Pero a veces las mujeres se sienten deprimidas, irritables o simplemente un poco más sensibles durante la regla, aunque no haya nada específico que produzca esos sentimientos. Puede que tengan mayor tendencia a pelearse con sus amigos, por ejemplo, o se sientan emocionalmente heridas con más facilidad de lo normal. Como ya hemos

dicho en el capítulo 3, esas alteraciones del estado de ánimo están relacionadas con los cambios hormonales que regulan el período.

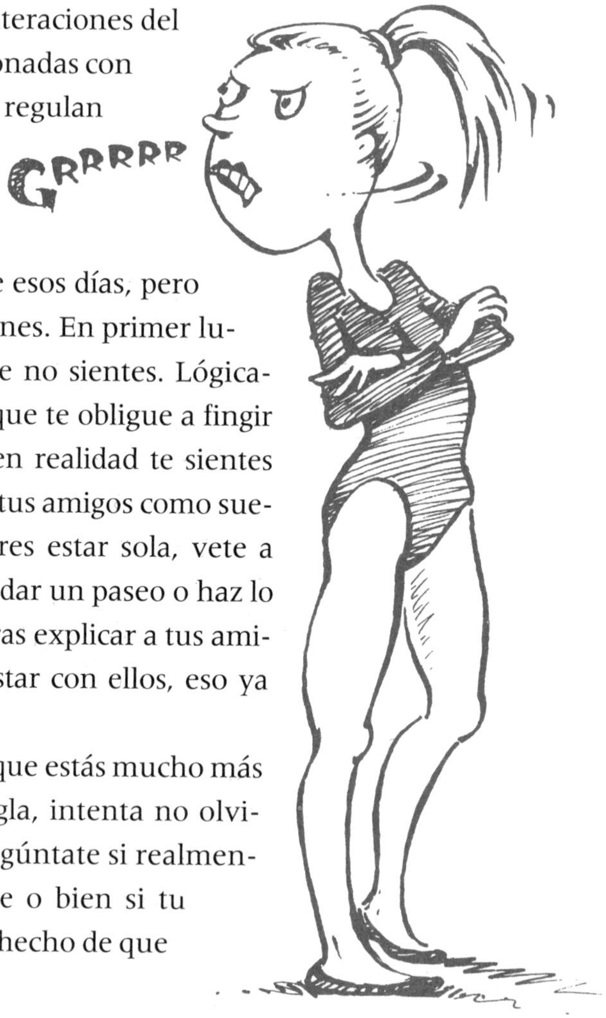

No se puede hacer gran cosa para cambiar el modo en que nos sentimos durante esos días, pero sí para controlar esas emociones. En primer lugar, no intentes sentir lo que no sientes. Lógicamente, no hay ninguna ley que te obligue a fingir que estás contenta cuando en realidad te sientes triste. Si en lugar de salir con tus amigos como sueles hacer, en realidad prefieres estar sola, vete a casa a escuchar música, sal a dar un paseo o haz lo que te apetezca. Tal vez quieras explicar a tus amigos por qué no te apetece estar con ellos, eso ya depende de ti.

En segundo lugar, si sabes que estás mucho más sensible cuando tienes la regla, intenta no olvidarlo. Si algo te disgusta, pregúntate si realmente es tan grave como parece o bien si tu reacción se debe, en parte, al hecho de que tienes la regla.

A medida que te vayas acostumbrando a tener la regla, aprenderás a saber qué puedes esperar de tu propio cuerpo y de tus emociones. También descubrirás la manera más idónea de sobrellevar cualquier problema mens-

trual que se te presente. Otras chicas o mujeres también pueden servirte de ayuda y darte ideas para resolver algunos de esos problemas. Verás como incluso es divertido intercambiar soluciones con madres, hermanas mayores o amigas.

·8·

¿Qué hago si...?

Cuando se tienen las primeras reglas, parece que de repente haya que estar en guardia ante todo tipo de situaciones extrañas o embarazosas. Algunas de las situaciones que preocupan a las chicas pueden suceder, mientras que otras son poco probables. En cualquier caso, es un descanso saber de antemano cómo resolver algunos de los problemas que pueden preocuparte, tales como...

«¿Qué hago si me viene la primera regla en el colegio?»

Exceptuando la propia casa, el colegio es uno de los mejores sitios para que te ocurra, ya que en la enfermería o, en su defecto, en el botiquín,

tendrán una buena provisión de compresas a mano para este tipo de emergencias.

Qué hacer si te viene la regla en el colegio dependerá de varios factores. Si descubres que te ha venido cuando vas al lavabo, tienes varias posibilidades.

Si sólo hay una manchita en las bragas, busca una compresa o un tampón en la enfermería o botiquín, o bien pídelo a alguna compañera, póntelo, y vuelve a clase. Pero, si has sangrado más, querrás enjuagar la ropa y esperar hasta que se haya secado para ponértela. Si, por casualidad, has sangrado mucho y sabes que tu madre está en casa, llámala por teléfono y pídele que te lleve ropa limpia. En cualquier caso, el profesor te excusará por llegar tarde a clase.

Tal vez estés en clase cuando descubras que te ha bajado la regla. Tal vez notes repentinamente las bragas muy mojadas o te des cuenta de que te está bajando. Si eso te ocurre, levanta la mano y pide permiso para salir. Ve al lavabo y comprueba qué ha pasado.

Si, por cualquier razón, el profesor no te diera permiso para salir de clase, levántate y sal de todos modos. Al salir del lavabo, acude a la enfermería y explica lo que te ha pasado. La enfermera hablará con tu profesor y eso te justificará frente a cualquier problema que pudieras tener por haber salido de clase sin permiso, aunque fuera una falsa alarma.

«¿Qué hago si me he manchado de sangre la parte trasera de la falda o de los pantalones, ***y todo el mundo lo ve****?»*

Una cosa así suele ocurrirles a casi todas las mujeres alguna vez en la vida, y es reconfortante saber que se pueden hacer muchas cosas. Si llevas un jersey, una camiseta o una camisa de manga larga que puedas quitarte, anúdatela de manera informal a la cintura para cubrir la zona. Luego ve al lavabo y consigue una compresa o un tampón. Si no tienes nada para tapar esa zona y llevas una falda, a veces puedes simplemente darle la vuelta, de forma que la mancha quede en la parte delantera, y poner la cartera o los libros para tapar la mancha hasta que llegues al lavabo. Seguramente, la solución más fácil sea pedirle a otra chica que vaya detrás de ti al lavabo. Así, nadie (excepto ella, por supuesto) verá lo que te ha pasado.

Cuando llegues al lavabo, puedes limpiar la mancha, esperar a que la ropa se haya secado un poco, y volvértela a poner. O puedes llamar a tu madre para que te traiga ropa de recambio.

Como precaución adicional, guarda un par de bragas o vaqueros en tu casillero. Además, es buena idea llevar faldas oscuras o pantalones cuando se tiene el período, por lo menos los días de mayor flujo. Muchas veces, las manchas de sangre no se ven sobre tela oscura.

«¿Qué hago si me baja la regla inesperadamente y no hay forma de conseguir una compresa o un tampón?»

Si el flujo del principio de tu regla suele ser escaso, probablemente no hará falta que hagas nada. Te mancharás un poco las bragas, pero eso no es mayor problema, ya que las puedes lavar después. A menos que vayas a estar mucho tiempo fuera de casa, la sangre seguramente no manchará la ropa.

Si, por el contrario, existiera el peligro de manchar de sangre la falda o los pantalones, deberás hacer algo para evitarlo. Si encuentras cerca unos aseos públicos, habrás tenido suerte. Forma una capa gruesa de papel higiénico y colócala sobre el ruso de las bragas como harías con una compresa. Si temes que el papel higiénico se caiga, envuélvelo alrededor del ruso para mantenerlo en su sitio. De este modo se aguantará hasta que llegues a casa o encuentres un sitio para comprar compresas.

Aunque es poco probable, podría ser que te bajara la regla inesperadamente en un lugar donde no haya papel higiénico (durante una larga excursión por el bosque, por ejemplo). O tal vez tengas un flujo muy abundante al principio de la regla y el papel higiénico no te baste hasta llegar a casa. En ese caso, seguramente llevarás algo en la bolsa o incluso puesto que pueda servirte de compresa de emergencia. Los calcetines, por ejemplo, pueden ser de gran ayuda. También sirven los fulares y las cintas para el pelo. Recuerda que siempre los podrás lavar más tarde. Lo más importante es recordar que otras chicas y mujeres te pueden ayudar si alguna vez te encuentras sin una compresa o tampón. Como cualquiera se ha encontrado en una circunstancia similar alguna vez (o al menos le ha preocupado que le pudiera ocurrir), se hará cargo de cómo te sientes. Muchas mujeres llevan compresas o tampones de emergencia, y puede ser incluso que una persona completamente desconocida se alegre de poder darte uno si no lo necesita.

«Mis padres están divorciados, y yo paso uno de cada dos fines de semana con mi padre. ¿Qué hago si me viene la primera regla en su casa?»

Está muy bien plantearse una situación así, ya que podría suceder. Si dispones de un armario propio en casa de tu padre, es conveniente que guardes en él un paquete pequeño de compresas o tampones, por si acaso. Aunque la primera regla no te venga allí, hay posibilidades de que, en el futuro, alguna regla coincida con tu estancia en su casa, y te alegrarás de tener repuestos a mano.

Pero supongamos que estás de vacaciones con tu padre y no tienes un sitio fijo donde guardar tus cosas en su casa o bien te baja la regla antes de que hayas podido comprar compresas. ¡No te pongas nerviosa! Si tienes una madre adoptiva y le tienes confianza comparte con ella tu preocupación, le gustará poder ayudarte.

Pero aunque tu padre viva solo o no desees hablarlo con su mujer, aún te queda alguien a quien dirigirte: ¡a él! Puede que te sorprenda, pero los padres saben mucho de la menstruación. Como es de suponer, cualquier hombre que haya vivido por un tiempo con una mujer sabe qué son los períodos, qué experimentan las mujeres cuando tienen la regla, y qué tipo de productos necesitan para absorber el flujo mens-

trual. También son conscientes de que se trata de una parte natural en la vida de una mujer.

De hecho, aunque no necesites ayuda de tu padre, tal vez te haga ilusión compartir con él la novedad de tener la primera regla. Es posible que se sienta halagado y contento de que hayas contado con él en un acontecimiento así, aunque se muestre aturdido o nervioso. Si ves a tu padre un poco incómodo cuando le digas que te ha venido la regla, se debe única y exclusivamente a que no tiene práctica a la hora de relacionarse contigo a ese nivel, y le preocupa el hecho de no saber responder adecuadamente a tus expectativas.

«¿Qué hago si no puedo sacarme un tampón?»

A muchas chicas esta cuestión les preocupa, aunque en el fondo sepan que un tampón no se puede *perder* por dentro del cuerpo. Si te ocurre algo así, ¡tómatelo con calma! *Sacar un tampón casi nunca constituirá un problema*. La preocupación más común –que se rompa el hilo– no acostumbra a pasar. Sólo se pueden dar dificultades si el hilo, de una forma u otra, ha sido introducido en la vagina de modo que no se pueda encontrar. Y eso raras veces ocurre.

En el improbable caso de que el hilo se te haya quedado dentro, tendrás que buscarlo. Aunque la tarea pueda parecerte un poco imponente, realmente no te será difícil.

El primer paso es respirar hondo y relajarte. Luego métete el índice o el dedo corazón (es más largo) por la vagina y tantea en busca del hilo. Normalmente es fácil de encontrar. Luego llega la parte más delicada. Como el hilo ha estado dentro de la vagina, seguramente estará resbaladizo, lo que hará que te sea más difícil de sujetar. Si puedes, conviene acercarlo al orificio vaginal, y así te podrás ayudar con el pulgar para empujarlo hacia afuera. Si eso no funciona, intenta enrollarte el hilo en el dedo, de forma que al sacar el dedo el hilo no se resbale.

Si no puedes encontrar el hilo o tienes dificultades para cogerlo, céntrate en el tampón. Curva el dedo tras el tampón y empújalo hacia abajo en dirección a la salida de la vagina. O también puedes recuperarlo atrapándolo entre el índice y el dedo corazón. A veces, empujar un poco con los músculos abdominales ayuda a acercarlo a la entrada de la vagina.

No te asustes si no sale al primer intento. Recuerda, no va a ir a ningún sitio, de forma que ya saldrá.

«¿Qué hago si voy a comprar compresas o tampones y veo que el dependiente es un chico de mi clase?»

Puede resultarte violento ir a comprar compresas a alguien que conoces, y más aún si es un chico. Hay varias formas de resolver la situación. Desde luego, si puedes elegir entre varias tiendas, compra allí donde no se te plantee ese problema, aunque eso signifique desviarte de tu ruta. Pero

si vives en una ciudad pequeña, a lo mejor es la única posibilidad. Hasta que tengas más confianza con el tema, puedes pedirle a tu madre o a tu hermana mayor que compre las compresas o los tampones por ti.

Otra solución es decidir que no vas a dejar que eso te resulte incómodo. Después de todo, la mayoría de las mujeres adolescentes y maduras de tu ciudad usan esos productos, por lo que es muy probable que ese chico ya los haya vendido a varias chicas conocidas suyas. Si es normal, sabrá que la menstruación es un proceso natural en las chicas. Si es tonto, ¿qué más da lo que piense?

«¿Qué hago si mi madre aún no me ha dicho nada del período? ¿Cómo consigo que me lo explique?»

Puede haber varias razones por las que tu madre aún no haya sacado el tema. Si sólo tienes nueve o diez años, puede que ella no sepa que las chicas de tu edad ya empiezan a menstruar, especialmente si ella tuvo su primera regla a los catorce o quince años. Por lo tanto, puede que equivocadamente esté esperando a que tengas la edad que ella cree la adecuada para hablar contigo.

Si eres mayor, puede ser que tu madre dude porque no sabe muy bien cómo abordar el tema. Tal vez *su* madre nunca habló con ella o se notaba tan incómoda cuando lo hizo que las dos se sintieron mal. Como se preocupa por ti y se da cuenta de que es una cuestión importante, seguramente está muy ansiosa por hacerlo bien. Pero, a menudo, cuanto más preocupado se está por la posibilidad de cometer errores, más difícil resulta actuar.

Cualquiera que sea la razón por la cual no te ha mencionado lo de la regla, si deseas hablarlo con ella pero no sabes cómo empezar, puedes darle este libro y preguntarle si está de acuerdo con lo que dice. Darle a entender o bien hacerle saber que quieres conocer su experiencia también puede facilitarte las cosas.

Finalmente, si tu madre no responde a nada, recuerda que hay otras mujeres que conoces que se sienten cómodas hablando del tema y a quienes les agradará hablar contigo: hermanas mayores, primas, tías, entrenadoras, y madres de algunas de tus amigas.

·9·

Lo que tus padres quisieran decirte

Este acontecimiento es importante para ti, pero también es importante para tus padres. Aunque no lo sepas, se sienten muy orgullosos de la mujer en que te estás convirtiendo. Pero también saben que la transición de niña a adolescente no siempre es fácil, y están preocupados por que todo vaya bien. Aunque desean poner todo de su parte para hacer que éste sea un período feliz de tu vida, a veces les resulta difícil saber exactamente cómo conseguirlo.

Puede que te sorprenda, pero algunos padres son tímidos en lo que respecta a sus emociones íntimas, especialmente en lo referente a sus sentimientos y deseos hacia sus hijos. A veces tienen muchas cosas por decir, pero les cuesta encontrar las palabras. Aunque tus padres se sientan

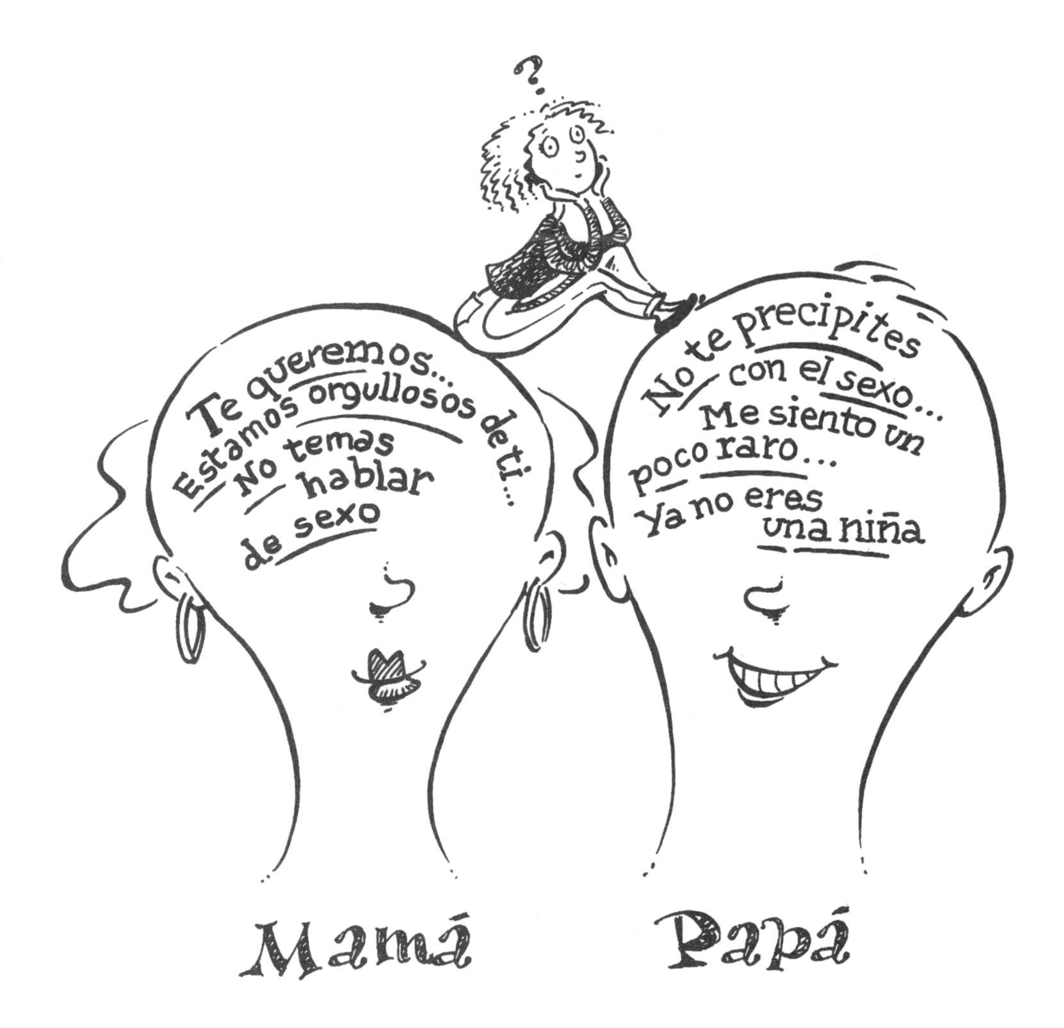
Te queremos...
Estamos orgullosos de ti...
No temas hablar de sexo
No te precipites con el sexo...
Me siento un poco raro...
Ya no eres una niña
Mamá
Papá

cómodos con estas conversaciones, puede que seas tú la que se siente violenta. Es por ello que, a veces, lo que a los padres les gustaría hablar –o les gustaría oír– nunca sale a colación. Eso ocurre especialmente a menudo entre padres e hijas.

Si tus padres son tímidos en lo que se refiere a comentar los cambios que estás experimentando ahora (o si eres tú quien se siente incómoda), tal vez desearías poderte meter en sus cabezas y enterarte de lo que están pensando realmente, sin tener que hablar con ellos en voz alta.

Por supuesto, eso es imposible. Pero es interesante saber lo que cinco padres que no son en absoluto tímidos han dicho a sus hijas acerca de esta fase tan importante en la vida de ellas. Mucho de lo que expresan puede coincidir con lo que sienten tus propios padres. Una forma de averiguarlo es dar a leer este capítulo a tus padres y luego preguntarles qué opinan de lo que dicen Lorraine, Diane, Amy, Álex y Ron.[1]

Celebra este acontecimiento de la vida

La experiencia de Lorraine en su primera regla no fue muy agradable. Cuando lo recuerda, dice: «Sentía vergüenza por tener la regla. Fue un sentimiento que me transmitió mi madre; me hizo sentir descontenta en

[1] Aunque son nombres ficticios, sus palabras son reales.

ese momento tan delicado. Todo lo que decía de la experiencia era negativo. ¡Actuó como si una chica tuviera prácticamente que esconderse cuando tenía la regla!».

La experiencia de Diane fue todavía peor. No estaba preparada en absoluto, y en su primera regla casi se muere del susto. «Me bajó la regla un día después de cumplir los once años –dice–. Mi madre no me había dicho nada. ¡Yo creía que los bebés salían del ombligo de la madre! Cuando fui al baño, vi sangre, y me puse histérica. Llamé a mi madre a gritos, y ella entró con una gran sonrisa en la cara. Entonces me lo contó todo.» La pobre Diane estaba demasiado asustada para entender lo que su madre le decía. «¡Fue realmente traumático! –continúa–. Mi madre me ayudó con la compresa, y entonces caí en la cuenta: ¡caí en la cuenta y al suelo en redondo!»

Muchas madres que han vivido experiencias parecidas están decididas a hacerlo mejor con sus hijas. Como cualquier madre, quieren que sus chicas se sientan orgullosas y estén contentas de convertirse en mujeres, y no que tengan miedo y se sientan confusas.

Lorraine subraya a su hija lo positivo de la experiencia. «Le he dicho: "¡Cariño, esto es un regalo de la vida! ¡Menstruar es signo de que te acercas a la madurez, y eso es algo maravilloso! Dios te ha hecho un regalo precioso con la menstruación, el don de dar vida a otro ser humano".»

«Tenemos un plan –dice Diane–. Cuando le baje la regla será un día muy especial. ¡Vamos a salir a celebrarlo! Saldremos a cenar y haremos algo muy especial en algún sitio donde podamos estar solas y charlar. Porque yo creo que es un día muy importante para ella: se está convirtiendo en mujer.»

Por desgracia, Diane es una de las pocas mujeres que lo pasa realmente mal con la regla. «No me gustaría que sufriera jaquecas como yo y tuviera que empezar a perder días de clase», dice. Así es que, a pesar de que está

contenta de cómo ha presentado la menstruación a su hija, a Diane le preocupa que los problemas físicos que ella padece hayan asustado a la muchacha. Le preocupaba en particular que su hija creyera que tendría dolores de cabeza parecidos y temiera por ello tener la regla.

Afortunadamente, su hija entiende que cada mujer es un mundo. «¿Sabes qué me dijo? –continúa Diane–. "Mamá, eso te pasa a ti. Que tú tengas jaqueca no significa que yo vaya a tenerla. ¡Yo soy una persona diferente a ti!"»

Diane sintió un gran alivio al oírla. «¡Cuando dijo eso, me sentí loca de contento! ¡Me sentí tan feliz! Sabe que no necesariamente tiene que pasar por lo mismo que yo.»

Amy, Diane, y Lorraine tienen especial interés en que sus hijas comprendan otra cosa que también consideran muy importante. El hecho de que sus hijas se conviertan físicamente en mujeres no significa que deban tener un hijo. Como dice Diane: «Tener la regla es un *paso* para convertirte en mujer, hacia la madurez y la feminidad. Pero no significa que ya lo seas».

«No tengas prisa –aconseja Lorraine a su hija–. Disfruta de tu infancia, aún eres una niña.»

Amy está completamente de acuerdo. «Quiero que sepas que tener la regla no es el final de la infancia –dice a su hija–. Podrás jugar a muñecas y a 'madelmans', disfrazarte, y correr por el patio jugando a 'indios y vaqueros', si lo deseas. Jugar es una faceta importante para el ser humano, y deberíamos hacerlo durante toda la vida. ¡Los chicos lo hacen! Las mujeres no deberían decirse a sí mismas que se ha acabado el juego.»

Amy intenta preparar a sus hijas en otro aspecto de la transformación femenina, un aspecto que a veces puede ser doloroso y difícil de sobrellevar. En la infancia, los chicos y las chicas reciben más o menos el mismo trato. Pero eso puede cambiar cuando una chica empieza a madurar. «Mucho de lo que os quiero explicar sobre la regla está también relacionado con todo lo que creo que debéis saber acerca del hecho de convertiros en mujeres –explica Amy a sus hijas–. Tener la regla es emocionante porque es una prueba física para entrar en la vida adulta, en la que tal vez creáis que tendréis libertad para tomar vuestras propias decisiones. Pero a las chicas muchas veces se las presiona para que abandonen el estatus de igualdad que tenían respecto a los chicos a lo largo de la infancia.»

¡El trato desigual saca de quicio a Amy! Insta a sus hijas a no pensar que valen menos que *cualquier* otra persona, hombre o mujer. «Las mujeres han sido las creadoras del mundo desde el principio de la humanidad –señala–. Vuestra valía personal está en vuestro interior. ¡No aceptéis menos respeto del que os merecéis!»

Sigamos hablando

Aunque para Lorraine, Diane y Amy resulte fácil hablar con sus hijas, a Álex las charlas sobre la regla y otros temas personales le han resultado más complejas. En este caso, sin embargo, las dificultades han sido ocasionadas más por sus hijas que por él. «He intentado mostrarme abierto –dice–. Y considero que me siento bastante cómodo hablando con ellas. El problema es el tipo de mensajes que un niño recibe de los demás, que insinúan que no está 'bien' hablar de ciertas cosas con los padres, especialmente con un padre. Así es que, aunque los padres se muestren dialogantes, los hijos a veces no quieren hablar.»

Esto preocupa mucho a Álex. «La adolescencia es dura –continúa–. Yo sólo quiero ayudarles. Creo que lo más importante es poder hablar de las emociones.»

Pero también le preocupan los problemas prácticos que atraviesan sus hijas. Aunque Álex está divorciado y sus hijas viven con su madre, pasan mucho tiempo en su casa. «Me preocupaba que tuvieran la regla cuando

estaban conmigo –recuerda–. Así es que compré compresas. No quería que se sientieran 'indefensas', por así decirlo, en mi casa. Les dije: "He comprado compresas para vosotras, por si acaso". Es gracioso, porque su respuesta fue: '¡Papá!'. No quisieron darle importancia. Pero me di cuenta de que el paquete había sido abierto –añade, sonriendo–. Pudieron aprovecharlas.»

Reservar las relaciones sexuales para alguien especial

Aunque su charla con ellas fuera corta y un poco rara, a Álex le gustó que sus hijas supieran que él tenía en cuenta el tema, que se preocupaba por hacer que las cosas fueran lo más cómodas posible, y además estaba dispuesto a hablar del tema si ellas querían. Además, al margen de lo que dijeran las chicas (o no dijeran), era evidente que se alegraban de que él lo tuviera en cuenta.

Si vuestra madre y vuestro padre son como la mayoría de padres, un tema del que querrán hablar será de sexo. Muchas chicas de vuestra edad se preguntan a santo de qué sacan el tema sus padres. Después de todo, tener relaciones sexuales es probablemente lo *último* que se les ocurriría en ese momento.

No se debe a que tus padres piensen que vas a querer tener relaciones sexuales en cuanto te venga la regla. Pero, a pesar de lo que sientas y pienses, tu cuerpo está desarrollando la capacidad de tener relaciones sexuales y engendrar hijos, de modo que esos asuntos irán ganando interés para ti de manera paulatina.

Tus padres también saben que en pocos años te verás presionada a ser sexualmente activa, y que las posturas que adoptes ahora serán importantes a la hora de sobrellevar esa presión. Y, para ser sinceros, también saben que cuando seas una adolescente te sentirás menos influenciada por lo que ellos digan. Puesto que se trata de un tema importante, a menudo aprovecharán para hablar contigo en esta época, ya que saben que les escuchas más.

Tanto Lorraine como Ron quieren que sus hijas sepan que el hecho de estar capacitadas para tener relaciones no basta. Las relaciones sexuales tienen un gran impacto emocional sobre las personas, hasta el punto de no poder imaginarlo de antemano y no estar preparado para sobrellevarlo. «El sexo te expone no sólo físicamente –explica Ron–. Te expone también emocionalmente. Al principio te sentirás torpe y rara, confusa y nerviosa. No debe ser algo que compartas con alguien a quien apenas conoces. Sólo podrás disfrutar del sexo con alguien con quien te sientas relajado, en quien confíes y que tenga un compromiso contigo. Una pregunta para hacerse sobre el sexo es: ¿Me sentiría violenta delante de esta persona si hiciera una tontería o se sentiría ella violenta delante de mí? Si la respuesta es sí, la relación aún no está lista para pasar al sexo.»

Lorraine está de acuerdo. «Pregúntate sinceramente si podrás afrontar las consecuencias –mental y emocionalmente–, en caso de que pases al

acto sexual –dice–. Siempre habrá presiones y te asaltarán preguntas que te animarán a explorar y a averiguar. Pero sé lista. Pon tus sueños por delante y aprende de ti misma. Tienes toda la vida para explorar.»

No te sientas presionada

Los padres saben cuánta presión soportan los jóvenes para tener relaciones sexuales. «Parte de esa presión es el flujo continuo de mensajes de revistas, televisión y cine acerca del comportamiento sexual que se espera de ti –dice Ron–. Pero también recibirás presiones de las personas que conoces, chicos y chicas.

»Quiero que sepáis que la urgencia física que sienten los chicos no es diferente a la que sentís vosotras, de forma que cualquier afirmación que diga que 'necesitan' el sexo es un absurdo.

»Comprended, sin embargo, que se hallan bajo una presión y vigilancia social para pasar a la acción. Esa presión es incluso mayor en su caso. No os extrañe que los chicos quieran iniciar una relación sexual. Se les ha convencido de que deben intentarlo. No hay que molestarse por que intenten persuadiros para tener relaciones sexuales. Una vez rechazado el intento de un chico, y cuando él ya no esté tan pendiente del sexo, tal vez empiece a querer conocerte mejor y se preocupe por ti.

»¡Pero si sigue presionándote, desconfía! Si sigue insistiendo en tener relaciones sexuales cuando le dices que no, no está interesado en ti: está interesado en tener relaciones sexuales.»

Como señala Ron: «Sorprendentemente, otra fuente de presión pueden ser las demás chicas. Muchas veces, las personas que se sienten incómodas cuando están entrando en el mundo del sexo quieren la confirmación de que los demás también hacen lo mismo. Recuerda, si tuvieran tan claro lo que dicen y hacen, no se empeñarían en cambiar tu comportamiento. Tendrían la suficiente seguridad como para dejarte actuar de otro modo».

Dado que estos temas resultan difíciles de comentar entre padres e hijas, Ron escribió una carta con todo lo que quería decir. Así, sus hijas pudieron leerla en privado. También pudieron conservarla para cuando fueran mayores y tuvieran que tomar alguna decisión respecto al sexo, ya que en ese momento puede resultar todavía más difícil pedir consejo a los padres.

Ron termina su carta diciendo: «A medida que crezcas, habrá cosas sobre el sexo que tendremos que hablar. Ya sé que es un tema muy delicado, porque es muy personal, pero por favor intenta hablar conmigo. Y si te sientes incómoda, mándame notas como ésta mía».

Anotar las preguntas y lo que se siente es una gran idea; por ello, en las próximas páginas hemos dejado espacio en blanco para eso. Si tus padres te han dado este libro, a lo mejor te quieren escribir una carta. O tal vez seas tú quien quiera escribirles una carta a ellos. Algunas tal vez querréis anotar cómo os sentisteis al tener la primera regla, una especie de carta a vosotras mismas.

En cualquier caso, las siguientes páginas son para vuestro propio uso.

Índice alfabético

Las autoras

KAREN GRAVELLE es escritora y fotógrafa y vive en Nueva York. Ha escrito muchos libros para niños y adolescentes. En este caso, para saber más exactamente qué quieren saber las chicas jóvenes sobre la menstruación, pidió a su sobrina Jenny que le ayudara a escribir este libro.

JENNIFER GRAVELLE tiene 15 años y va al Instituto Falls Church en Virginia. Aunque éste es su primer libro publicado, lleva algunos años escribiendo poesía. Cuando se gradúe, Jenny quiere dedicarse a la investigación genética y a escribir en su tiempo libre.